Discipleship Essentials

영적 성장을 향한 첫걸음 I

영적 훈련을 시작하는 첫걸음

국제제자훈련원은 건강한 교회를 꿈꾸는 목회의 동반자로서 제자 삼는 사역을 중심으로
성경적 목회 모델을 제시함으로 세계 교회를 섬기는 전문 사역 기관입니다.

Discipleship Essentials

영적 성장을 향한 첫걸음 I

영적 훈련을 시작하는 첫걸음

초판 1쇄 발행 2009년 11월 10일
초판 7쇄 발행 2021년 8월 26일

지은이 그레그 옥던
옮긴이 박규태

펴낸이 오정현
펴낸곳 국제제자훈련원
등록번호 제2013-000170호(2013년 9월 25일)
주소 서울시 서초구 효령로68길 98(서초동)
전화 02) 3489-4300 **팩스** 02) 3489-4329
이메일 dmipress@sarang.org

Originally published by InterVarsity Press as *Discipleship Essentials: A Guide to Building Your Life in Christ, Expanded Edition* by Greg Ogden
Copyright © 2007 by Greg Ogden
Translated and printed by permission of InterVarsity Press, P.O. Box 1400, Downers Grove, IL 60515, USA
All rights reserved.

Korean Edition Copyright © 2009 by DMI Press, Seoul, Republic of Korea
Translated and used by permission of InterVarsity Press through arrangement of rMaeng2, Seoul, Republic of Korea.

본 저작물의 한국어판 저작권은 알맹2를 통하여 InterVarsity Press와 독점 계약한 국제제자훈련원에 있습니다.
신 저작권법에 의하여 한국 내에서 보호받는 저작물이므로 무단전재와 무단복제를 금합니다.

ISBN 978-89-5731-412-8(세트) ISBN 978-89-5731-413-5

※ 책값은 뒤표지에 있습니다. 잘못된 책은 구입하신 곳에서 교환해 드립니다.

Discipleship Essentials

영적 성장을 향한 첫걸음 I

영적 훈련을 시작하는 첫걸음

그레그 옥던 Greg Ogden

국제제자훈련원

✎✎ 저자 서문

이 교재가 나오고 지금까지 아주 다양한 현장에서 그리스도인이 영적 성장을 향한 첫걸음을 내딛는 데 이 교재가 사용되는 것을 보면서 나는 큰 만족을 느꼈다. 그러나 사람들이 이 교재에 보여준 반응은 많은 사람들이 무언가를 요구하고 있음을 보여주는 표지일 뿐이다. 사람들은 이제 영성훈련 또는 제자훈련을 극히 중대하고 필요한 일로 여기면서 이 훈련에 주목하고 있는 것처럼 보인다.

두 세대 전에 디트리히 본회퍼Dietrich Bonhoeffer는 우리가 "값싼 은혜"에 안주하고 있다며 교회 전체를 질타하였다. 그는 우리가 십자가 없는 기독교 브랜드로 활동하고 있다고 꼬집었다. 이것은 '편하게 믿자는 주의'easy believism였다. '오직 믿음으로 의롭다 함을 받는다'와 같은 교리처럼, 신경信經에 있는 어떤 교리만 받아들이면 그리스도인으로서 더이상 아무것도 필요하지 않다고 여기는 무리들이 많은 것 같다. 올바른 교리를 긍정할 수 있는 능력이 곧 우리가 그리스도인이라는 증거라는 것이다. 달라스 윌라드Dallas Willard는 이런 기독교를 "바코드" 기독교라고 불렀다. 하늘에 있는 저 위대한 스캐너가 우리를 인식하기만 하면, 우리에게 영생은 보장된다고 믿는 믿음을 비꼰 말이다. 그리스도인의 삶을 이런 식으로 이해한다면, 변화된 삶을 살 필요가 어디 있겠는가?

마이클 윌킨스Michael Wilkins는 똑같은 주제를 다른 각도에서 접근한다. 그가 여러 그룹의 그리스도인들을 조사해보니, 이들은 기꺼이 자신을 "그리스도인"으로 정의하면서도 정작 자신을 "제자"로 부르는 데에는 아주 머뭇거렸다. 왜 이런 일이 일어났을까? 그리스도인이 되기는 쉽다. 우리에게 구원자가 필요하다는 사실과 우리가 받을 자격도 없는 선물을 받았다는 사실만 인정하면 되기 때문이다. 그러나 자신을 제자로 규정하게 되면, 자신이 제자에 합당한 자질을 갖추고 있다는 것을 선언하는 셈이 된다. 그리스도인으로 존재한다는 것은 그리스도가 나를 위해 행하신 것을 이야기하는 것이지만, 제자로 존재한다는 것은 내가 그리스도를 위해 무언가를 행하고 있음을 이야기하는 것이다.

성경은 그리스도인과 제자를 구별하지 않는다. 그런데 문제는 우리가 이런 구별을 태연히 받아들이고 있다는 사실이다. 기독교 지도자들은 이제까지 그리스도의 제자가 되지 않고 그리스도인이 되는 것으로 족하다고 이야기해왔다. 그리스도인 가운데 소수만이 제자의 범주에 속하리라는 것이 우리 생각이다. 우리는 우리가 뿌린 그릇된 관념의 열매를 거두고 있다. 오늘날 기독교 지도자들은 자신이 제자를 만드는 일을 엉망으로 만들어놓았다는 점을 널리 인정하고 있다. 조지 바나George Barna와 조지 갤럽George Gallup이 실시한 여론 조사 결과는 그리스도인과 비그리스도인이 도덕 가치와 삶의 방식 면에서 별로 다르지 않다는 점을 분명하게 보여주고 있다. 우리는 핵심을 잃어버린 셈이다.

나는 성경이, 용서받은 죄인으로서 하나님의 은혜를 받아들이는 것과 우리 삶에 지대한 영향을 미치는 예수님을 따르는 것을 구별하지 않는다는 점을 재차 강조해두고 싶다. 그리스도인과 제자는 서로 바꿔 쓸 수 있는 말이다. "제자들이 비로소 그리스도인이라 일컬음을 받게 되었더라"행 11:26라는 사도행전의 말씀이 그 증거다. 따라서 우리는 우리가 제자도의 수준을 어디에 설정해놓았는지 재점검해봐야 한다.

이 교재는 바로 이런 목적에서 쓴 책이다. 예수님의 제자가 영적 훈련을 시작하고I권, 성경과 신학의 기본 진리를 이해하며II권, 인격과 삶이 변화하고III권, 교회와 세상을 섬길 때IV권 필요한 기초는 무엇인가? 이것이 이 교재를 구성하는 내용이라 할 때, 이런 '제자도의 진수'Discipleship Essentials가 구현되는 정황은 무엇인가? 여기서는 제자들이 어떻게 만들어지는가가 중요한 문제다. 제자를 길러내는 것과 관련하여 교회는 프로그램 위주의 접근방법에 안주해왔다. 목회자들은 자신이 섬기는 회중들 앞에 서서 삶을 풍성하게 해줄 최신 프로그램에 참여할

기회가 왔다고 소리치지만, 정작 그 프로그램에 얼굴을 내미는 성도는 20퍼센트에 불과하다. 우리는 "여러분, 모두 오세요!"라고 외치지만, 성도들은 단체로 불참한다.

그러나 제자는 1대 1의 인격적 초대를 통하여 형성된 관계 속에서 만들어진다. 이런 관계는 우리가 보통 사용하는 프로그램 위주의 접근법과 완전히 다르다. 나는 새로운 훈련 그룹을 시작할 때면 기도를 통하여 누구를 부르신다는 깨달음을 얻은 뒤에야 그에게 다가가 훈련에 참여하도록 권면한다. 나는 그런 사람들에게 이렇게 말한다. "저는 그리스도의 제자로 자라갈 여정을 함께할 사람을 놓고 기도해왔습니다. 하나님은 당신을 제 마음에 심어주셨습니다. 우리 함께 1년 동안 예수 그리스도의 제자로 살아간다는 것이 무슨 의미인지 삶으로 풍성히 체험해보지 않으시렵니까?" 대중을 상대로 초대하는 것보다 1대 1로 초대하니 그 느낌이 얼마나 다른가!

지난 22년 동안 나는 거의 매주 최소한 한 그룹이라도 제자훈련 그룹과 만나는 시간을 가져왔다. 그런 시간은 늘 내 인생의 정점이다. 제자훈련이 수많은 세대로 이어져가는 모습을 보고 있노라면, 그야말로 환상적이다. 이보다 더 멋진 광경은 없으리라!

이 훈련으로 자신의 삶이 변화된 사연을 내게 보내준 모든 분들께 감사를 드린다. 이들 덕분에, 영적 성장을 위한 훈련의 필요성을 절실하게 느끼는 이들의 굶주린 마음을 이 교재를 통해 채워줄 수 있는 것이 얼마나 보람있는 일인지 알게 됐다. 이들에게 충심으로 감사한다.

다만 앞으로 한 세기 뒤에 그때까지 그리스도가 재림하시지 않았다면 교회사가들이 우리가 사는 이 시대를 "제자도의 시대"라 부르게 되기를 바라고 기도할 뿐이다.

그레그 옥던
2007년 4월

🐝 훈련에 앞서

만일 그리스도를 따른다고 주장하는 대다수 사람들이 성경의 진수를 중심으로 삼아 서로 친밀하고 책임감 있는 관계를 통하여 성숙한 성도로 자라간다면, 예수 그리스도의 몸 된 교회에는 무슨 일이 벌어질까? 아마 스스로 분발하여 또 다른 제자들을 길러내는 예수님의 제자들이 그 교회를 가득 채우게 될 것이다.

이 교재는 한 세대에서 다음 세대로 계속 이어지고 끊임없이 팽창해가는 제자훈련 네트워크를 구축하려는 비전의 결과물이다. 이 책에는 성령이 우리를 더욱더 빨리 성장시켜주실 수 있는 분위기를 만들어낼 세 가지 요소를 모아놓았다.

첫 번째 요소는 불변의 진리인 하나님 말씀이다.
우리는 지금 기독교를 떠난 세대에 살고 있다. 기독교 가치와 질서가 다스리던 이전 시대만 해도 누구에게나 참인 "계시된" 진리 또는 과학적, 객관적 진리가 존재한다는 것이 보편적인 생각이었다. 그러나 기독교가 약해진 이 시대에는 특히 도덕과 삶의 방식을 상대주의가 지배하고 있다. "나는 내 멋대로 살고 너는 네 멋대로 살자"는 것이 이 시대의 최고 가치인 **관용**의 또 다른 표현이 되었다. 사람들은 모든 삶의 방식과 도덕적 신념이 다 동등한 가치를 지닌다고 생각한다. 진리는 사람마다 다르다고 생각하기 때문이다. 이 책이 다루는 25개 과는 상대주의라는 늪 속에서도 누구에게나 진리인 "기본 진리"를 중심으로 기록되었다. 이 기본 진리가 누구에게나 진리인 것은, 이 진리의 원천이 누구에게나 동일하신 하나님이기 때문이다.

많은 사람들은 그리스도인의 삶이 아무렇게나 뒤섞여있는 타일 조각 같다고 본다. 우리는 설교들, 개인 성경 공부, 동료 성도들의 지혜, 통찰력을 주는 책 등등에서 진리의 조각들을 주워 모은다. 그러나 이 조각들을 한데 모아 일관된 이야기로 만들어내지는 못한다. 예전에 한 훈련 그룹에서 이 교재를 써본 자매 하나는 이 교재가 마치 모자이크의 빈 공간을 채워주는 것과 같아서 덕분에 그리스도의 삶과 메시지라는 그림을 완전한 형태로 볼 수 있게 되었다는 말을 해주었다. 이 교재는 여러 교훈들을 구슬 꿰듯이 제시하여 논리에 흐름을 부여하고 조각조각 흩어져있던 타일들을 연결해준다.

그러나 하나님의 말씀이라는 진리는 사람을 변화시키는 능력 가운데 역사하므로, 반드시 서로 신뢰하고 친밀하며 견고하게 지속되는 관계 속에서 이 진리를 탐구해야 한다.

성령의 실험실에 있는 두 번째 요소는 투명한 관계다.
이제 우리 사회의 기본 구성단위는 가정이나 공동체가 아니라 개인이다. 줄줄이 이어져있으면서도 버림받은 관계들이 우리 시대를 규정하는 특징이다. 이 시대를 지배하는 철학은 지금 나 자신이 좋거나 옳다고 느끼는 것을 토대로 내 삶을 이루어가야 한다는 것이다. 많은 사람들이 오랜 기간 사랑으로 지속되어온 헌신이라는 건강한 관계를 목격하지 못했다. 모든 인간 존재의 핵심에는 심오하고 만족스러운 관계를 맺으려는 갈망이 있다. 우리가 하나님의 형상으로 지음 받았기 때문이다. 하나님은 우리를 하나님과 사귀고 인간들과 사귀는 존재로 만드셨다. 소그룹으로 진행되는 훈련은 안전한 장소에서 오랜 시간 동안 자신을 숨김없이 드러내는 친밀한 사귐을 익힐 수 있는 장이다. 모든 일을 숨김없이 말하고 행할 때 우리는 결국 사랑하는 사람들을 얻게 된다.

변화는 우리가 투명한 관계라는 정황 속에서 하나님의 말씀이라는 진리를 붙들고 씨름할 때 일어난다. 성령은 우리가 자신을 다른 사람에게 열어보이는 만큼 우리 삶 속에서 자유롭게 움직이실 수 있다. 이것이 성경이 말하는 자명한 이치다. 하나님께 솔직한 것만으로는 충분하지 않다. 우리가 위험을 무릅쓰고 자신을 다른 사람들에게 드러내며 고백할 때, 하나님은 우리 삶을 다른 모양으로 빚어내실 수 있다. 우리가 그리스도 안에서 장성한 분량에 이르러가는 일은 독불장군 식으로 이루어지는 게 아니다. 우리는 공동체를 이루도록 지음 받았기 때문이다.

변화가 일어날 수 있는 분위기를 만드는 세 번째 요소는 상호 책임이다. 상호 책임은 제자도가 지닌 관계성을 한 단계 끌어올려줄 것이다. 책임은 당신이 훈련의 동반자인 상대방에게 권위, 즉 헌신할 것을 당신에게 언제든지 요구할 수 있는 권위를 부여한다는 의미다. 당신은 훈련생들과 맺은 상호 언약을 중심으로 관계를 일구어갈 것이다. 언약은 당신과 훈련생들이 서로 기대하는 바를 분명하게 기록해놓은 공동 협약이다. 이 언약을 맺음으로써, 당신은 당신에게 언약을 지키라고 요구할 수 있는 권리를 상대에게 부여한다.

요컨대, 성경의 진리가 상호 책임에 근거하여 자신을 상대에게 숨김없이 드러내는 친밀한 관계의 중심에 자리 잡게 되면, 당신은 성령이 일으키시는 변화에 필요한 요소들을 갖게 되는 것이다.

매주의 훈련을 이렇게 준비하라

당신이 이 훈련 과정을 가장 잘 준비할 수 있는 방법은 날마다 시간을 조금씩 할애하여 교재의 내용을 꼼꼼히 살펴보는 것이다. 모든 것을 하룻밤에 뚝딱 해치우기보다 날마다 20분씩 할애하는 편이 훨씬 낫다.

훈련을 하게 되면 우리 일상에 습관이 뿌리를 내리게 된다. 과거의 경험으로 보아, 새로운 습관도 3주 정도면 익숙해지고, 또 3주가 지나면 그 사람의 행동 방식이 되어버린다. 이런 영적 훈련들이 당신 자신은 물론이고 함께하는 지체들에게도 두 번째 천성이 될 수 있도록 기도하라.

당신 앞에는 놀랍고, 고통스러우며, 기쁘고, 큰 도전이 될 모험이 기다리고 있다. 하나님이 당신에게 복을 베푸셔서 부디 당신이 그분을 닮은 장성한 분량에까지 자라가길 기도한다.

교재의 구성

이 교재의 각 과는 다음과 같은 순서로 구성되어 있다.

 핵심 진리

핵심 진리는 각 과의 중심이다. 각 과의 나머지 부분은 중심에 자리한 이 초점을 더 분명히 깨닫게 할 목적으로 마련된 것이다. 각 과를 시작할 때는 먼저 핵심 진리에 나온 질문과 대답을 살펴보도록 하라.

 심비에 새기는 말씀

우리가 힘써 성경을 암송하게 되면, 우리는 점차 하나님의 눈으로 인생을 바라보게 된다. 시편 기자는 이렇게 기록한다. "내가 주께 범죄하지 아니하려 하여 주의 말씀을 내 마음에 두었나이다". 시 119:11 말씀을 심비에 새기는 훈련을 하게 되면, 우리는 더욱더 그리스도를 닮은 사람으로 자라나 그분의 진리에 견고한 뿌리를 내리게 되고, 다른 성도들을 하나님의 말씀으로 격려할 수 있으며 우리 신앙을 다른 사람들과 나눌 수 있게 된다. 각 권이 끝날 때마다 암송한 구절을 점검해보라.

 자유케 하는 진리의 말씀

성경은 삶의 현실이 지닌 의미를 제대로 발견할 수 있는 유일한 장이다. 우리는 그저 더 많은 지식을 얻으려고 발버둥치며 우리 안에 진리를 꾸역꾸역 집어넣는 일에는 관심이 없다. 성경 공부의 목적은 현

영적 성경을 향한 첫걸음 I

10

영적 훈련을 시작하는 첫걸음

실을 직시하고 하나님의 능력을 통하여 우리 삶의 현실을 성경과 일치
시키는 데 있다.

 ## 어깨를 딛고서는 독서

　각 과 끝에는 해당 과에서 다룬 주제와 연관된 읽을거리가 실려있
다. 이 읽을거리에는 우리 삶에 도전을 제기하고 우리의 생각을 자극
할 영원한 핵심 진리를 놓고 신앙의 선배들이 기록한 내용을 실어놓았
다. 이들의 주옥같은 글은 우리에게 딛고설 어깨가 되어준다. 뒤이어
나오는 질문들을 풀어보면, 그 과에서 배운 내용을 구체적으로 깨닫게
될 것이다.

✨ 제자의 언약 ✨

나는 그리스도 안에서 장성한 성도로 자라가며 이 과정을 다 마치기 위해
다음 기준을 충실히 따르기로 서약합니다.

1. 나는 매주 제자훈련 모임이 있기 전까지 그 주에 주어진 모든 과제물을
   완수함으로 훈련에 전심전력을 기울이겠습니다.
2. 나는 함께 제자훈련을 받는 지체들과 1주일에 1시간 내지 1시간 반 정도
   만나서 훈련과 과제물 내용을 가지고 은혜로운 대화를 나누겠습니다.
3. 나는 제자훈련을 받는 동안 내가 점점 더 빨리 변화할 수 있으리라 기대하
   며 하나님께 나 자신을 온전히 바치겠습니다.
4. 나는 서로 세워주는 정신으로 다른 사람의 약점을 너그러이 감싸주고 정직
   과 신뢰의 분위기를 만드는 데 기여하겠습니다.
5. 나는 다른 사람들의 삶에 헌신하여 선한 영향력을 미침으로써 제자훈련의
   영향력을 계속 확대해가겠습니다.
6. 나는 이 과정을 마치고 난 뒤에 교회에서 준비한 후속 훈련과정을 성실하
   게 받아 그리스도 안에서 장성한 성도로 자라가겠습니다.

이름 _____

서명 _____

_____ 년 _____ 월 _____ 일

🐌 차례

Discipleship Essentials

영적 훈련을 시작하는 첫걸음

영적 성장을 향한 첫걸음에 당신이 함께하게 된 것을 환영한다. 이 훈련은 당신의 영혼을 더 빨리 성장시킬 것이다. 친밀하면서도 높은 헌신을 요구하는 이 훈련에는 효과를 극대화하는 세 가지 요소가 함께 들어있다. 그것은 바로 취약성vulnerability, 진리truth 그리고 책임성 accountability이다.

취약성은 당신이 자신의 삶을 다른 성도들에게 내보이고 자신의 모든 면모를 드러내보이면서 성령이 당신 안에서 역사하시도록 허락할 때 나타난다. 당신이 다른 사람들에게 더 정직하고 더 투명할수록, 당신은 자신의 삶을 하나님께 더 내어맡기게 될 것이다.

성경의 **진리**는 영적 성장으로 인도하는 전위 역할을 한다. 이 책의 내용은 차례를 따라 체계적으로 제시되기 때문에, 훈련과정이 진행됨에 따라 당신은 진리가 구체적인 형상을 갖춰가는 모습을 목격하게 될 것이다.

마지막으로, **책임성**은 다른 사람들과 언약을 맺음으로써 그들에게 당신의 헌신을 독려할 권한을 주는 것을 의미한다. 이 세 요소가 결합하여 하나의 틀을 이루게 되면, 하나님은 이 틀을 사용하셔서 하나님의 형상을 당신의 삶 속에서 이루어가신다.

1과의 주제는 **제자 삼기**다. 이 과를 통해 당신의 삶에 견고한 기초가 놓이게 될 것이다. 다른 사람들에게도 그런 견고한 신앙을 전해주고픈 욕구는 성숙한 영혼이 나타내는 특징 가운데 하나다. 부디 하나님이 당신을 붙잡으셔서 다른 사람들에게 헌신하는 사람, 생명을 건지는 일에 헌신하는 사람으로 준비시켜 주시기를 기도한다.

2과 제자 되기는 진지한 과업이다. 당신이 하나님이 원하시는 사람으로 빚어질 수 있는 유일한 길은 자기 자신을 포기하고 그리스도께 순종하는 것이다.

3과부터 6과까지는 신앙 훈련에 초점을 맞춘다. 이런 훈련들은 우리가 그리스도를 닮기까지 자라갈 수 있도록 도와주고자 하나님이 사용하시는 방법들이다. '훈련'이라는 말은 우리에게 때로 부담스럽게 다가온다. 그러나 이 책에서 말하는 훈련의 개념은 리처드 포스터Richard Foster가 『영적 훈련과 성장』 *Celebration of Discipline*에서 말하는 훈련의 개념과 같다고 생각하면 된다. 포스터는 영적 훈련을 "우리가 하나님과 친밀한 사귐을 나눌 수 있게끔 하나님의 임재 안에 거하는 연습"이라고 말한다.

3과의 주제인 **경건의 시간(Q.T.)**이란 매일 시간을 정해놓고 하나님과 만나는 일을 시작하는 것이다. 경건의 시간은 당신이 하나님을 가장 친밀한 벗이자 당신을 지켜주시는 요새요 보호자로 체험하는 안전한 장소가 될 수 있다. 경건의 시간은 당신이 자신의 마음을 있는 그대로 쏟아놓는 시간이자 하나님이 말씀과 영으로 당신에게 말씀하시는 시간이다.

4과에서 다루는 **성경 공부**는 경건의 시간의 핵심 요소이다. 이 교재는 귀납적 성경연구 방법을 가르쳐준다. 이 방법은 일련의 관찰 질문을 통하여 성경 본문의 의미를 발견해가는 탐구 작업이다. 이 책은 처음부터 끝까지 귀납적 방법으로 하나님의 진리를 캐내는 작업을 이끌어준다.

5과에서 다루는 **기도**는 경건의 시간을 구성하는 또 하나의 핵심 요소다. 기도에 관해 간단한 길잡이를 제공하는 5과는 '기도는 곧 대화'라는 틀을 제시하고 있다.

마지막으로 **6과**에서는 **예배**에 초점을 맞춘다. 개인적으로 드리는 예배이든 공예배이든, 예배는 우리가 천국에서 누릴 영생의 성격을 보여주는 행위다. 우리는 지금 여기에서도 천상의 예배에서 느낄 경외감과 경이감을 조금이나마 맛볼 수 있다.

Growing Up in Christ

1 제자 삼기

심비에 새기는 말씀 마태복음 28:18~20
자유케 하는 진리의 말씀 누가복음 6:12~16; 9:1~6, 10
어깨를 딛고서는 독서 성경은 제자를 삼으라고 요구한다

 핵심 진리

제자를 길러낸다는 것은 무엇인가?

제자훈련은 일정한 목적을 가지고 만나는 의도적인 관계다. 이 관계 속에서 우리는 피차 사랑으로 격려하고, 모자란 부분을 채워주고 도전함으로써, 그리스도 안에서 장성한 성도로 자라가고자 다른 제자들과 동행한다. 이런 훈련에는 그 제자가 또 다른 제자들을 잘 가르칠 수 있도록 무장시키는 것도 포함된다.

위에서 제시한 질문과 대답의 핵심 문구를 확인해보라. 그리고 그 의미를 당신 자신의 말로 이야기해보라.

심비에 새기는 말씀

예수님께서 교회에 주신 사명은 제자를 삼으라는 것이다. 사람들은 보통 마태복음 28:18~20을 '대위임령'이라고 부른다.

1. 마태복음 28장을 읽어보라. 예수님께서 대위임령을 주시기 전에 일어난 중요 사건은 무엇인가? 이 사건은 제자들에게 어떤 영향을 주었을 것이라 생각하는가?

_____

_____

_____

_____

2. 오늘 우리가 심비에 새길 말씀은 마태복음 28장 18~20절이다. 이 구절들을 소리 내어 암송해보라.

_____

_____

_____

_____

3. 이 구절은 예수님에 관하여 무엇을 가르쳐주는가?

_____

_____

_____

_____

4. 왜 예수님은 "제자를 삼으라"고 명령하시면서, 그 전제로 당신의 권세(18절)를 강조하시는가?

_____

_____

_____

_____

_____

5. 제자를 삼는 일은 어떻게 이루어질 수 있을까?

_____

_____

_____

_____

_____

_____

6. 제자는 언제 만들어지는가?

_____

_____

_____

_____

_____

7. 이번 주에 이 구절이 당신에게 무엇을 말씀해주었는가?

_____

_____

_____

_____

자유케 하는 진리의 말씀

예수님은 늘 자신의 지상 사역이 끝날 때를 염두에 두고 사셨다. 예수님 앞에는 아버지께 올라간 뒤에 그 사역을 이어받을 몇 사람을 준비시키는 일이 항상 놓여 있었다. 오늘 배울 말씀은 예수님이 택하신 제자들을 훈련시켜 이들에게 사역을 넘겨주는 데 초점을 맞추고 있다.

1. 누가복음 6장 12~16절과 9장 1~6, 10절을 읽어보라. 당신은 예수님께서 무엇을 놓고 밤새 기도하셨을 것이라고 생각하는가?(이어지는 "어깨를 딛고서는 독서"를 읽어보면 몇 가지 단서를 찾을 수 있을 것이다.)

_____

_____

_____

_____

_____

_____

2. 누가복음 9장 1~6절로 보아 당신은 예수님이 전략적으로 열두 제자를 뽑으신 목적이 무엇이라고 생각하는가?

_____

_____

_____

_____

_____

3. 예수님은 제자들에게 무슨 능력과 권세를 주셨는가(눅 9:1)? 오늘 우리는 예수님께 무슨 능력과 권세를 받으리라고 기대할 수 있는가?

_____

_____

_____

_____

_____

_____

_____

_____

4. 제자들이 돌아온 뒤에 예수님은 그들에게 어떤 역할을 하셨는가(눅 9:10)?

_____

_____

_____

_____

_____

_____

5. 당신에게 특히 영향을 준 구절이 있다면 무엇인가?

_____

_____

_____

_____

_____

_____

어깨를 딛고서는 독서

성경은 제자를 삼으라고 요구한다

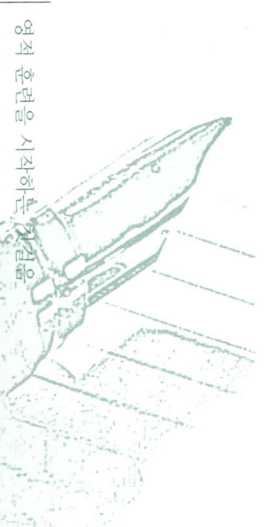

예수님은 제자들에게 "너희는 가서 모든 민족을 제자로 삼으라"마 28:19
고 명령하셨다. 이는 곧 교회의 사명을 일러주신 것이다. 예수님은 제
자들에게 당신이 3년 동안 이 땅에서 행하셨던 모든 것을 행하라고 말
씀하셨다. 예수님은 몇 사람을 뽑아 그들에게 당신의 생명을 불어넣어
제자로 만드셨다.

예수님이 제자를 삼으신 방법

"자기와 함께 있게"마 3:14 될 열두 사람을 택하신 것은 어떤 전략적 이
점을 갖고 있는가? 이 열두 사람을 택하신 데에는 많은 이유가 있겠지
만, 다음 두 가지 이유가 가장 설득력 있어 보인다.

　　내면화 예수님은 몇 사람에게 초점을 맞춤으로써 사역의 연속성을
확보하실 수 있었다. 우리는 왜 예수님이 다른 사람들의 질시를 무릅
쓰고 그 많은 제자들 중에서 열두 명을 공개리에 택하셨는가라는 의문
을 가질 수 있다.눅 6:13 왜 예수님은 측근들을 계속 늘려가면서 대중 운
동으로 발전시키지 않으셨을까? 사도 요한은 사람들이 예수님이 행하
시는 표적들을 보고 예수님께 몰려들어 떠들어댈 때 예수님이 조심하
시는 모습을 이렇게 기록해놓았다. "예수는 그의 몸을 그들에게 의탁
하지 아니하셨으니 이는 친히 모든 사람을 아심이요 또 사람에 대하여
누구의 증언도 받으실 필요가 없었으니 이는 그가 친히 사람의 속에
있는 것을 아셨음이니라".요 2:24~25

　　예수님은 군중들에게 필요한 일들을 행하셨지만, 동시에 군중들이

변덕쟁이라는 것도 알고 계셨다. 종려주일에 예수님을 향하여 "호산나"라고 외치던 사람들이 불과 닷새 뒤, 예수님이 십자가에 달리신 바로 그날에는 "그를 십자가에 못 박으라"고 외쳐댔다. 예수님은 이런 군중들의 변덕을 잘 알고 계셨기에, 당신이 택하신 몇 사람을 토대로 삼아 사역을 일구셨다. 이 몇 사람들은 장차 예수님이 다스리시는 그 나라의 상부구조를 이루게 된다. 제자들은 대량생산이 되지 않는다. 제자들은 친밀한 사귐과 인격적 헌신의 산물이다. A. B. 브루스는 이 점을 이렇게 요약한다. "세심하고 정성스러운 제자훈련 덕분에 세상에 미치는 스승 예수님의 영향력이 영원할 수 있었고, 그분의 나라가 다수의 마음속에서 이리저리 요동하는 피상적 인상이 아니라 몇몇 사람의 마음속에 자리 잡은 깊고 견고한 확신 위에 세워질 수 있었다."[1]

배가 예수님이 몇몇 사람에게 많은 관심을 기울이셨다고 해서 이것이 곧 그분이 다수에게 다가가길 원하지 않으셨다는 의미는 아니다. 오히려 정반대다. 유진 피터슨은 이 진리를 기가 막히게 잘 표현해 놓았다. "예수님은 자신의 사역 가운데 10분의 9를 열두 유대인에게 집중하셨다. 이것이 모든 미국인에게 다가갈 수 있는 유일한 길이었기 때문이다. 이 점을 유념해야 한다."[2]

예수님은 소수를 생각하실 만큼 넉넉한 비전을 갖고 계셨다. 소수에 초점을 맞췄다 하여 그분의 영향력이 줄어들지는 않았다. 도리어 영향력이 확대되었다. 예수님이 아버지께 올라가셨을 때, 그분은 적어도 열한 사람이 당신의 이름이 지닌 권세를 힘입어 일할 수 있게 되었다는 것을 알고 계셨다. 예수님의 사역이 열한 배로 늘어난 것이다. 로버트 콜먼은 예수님이 사용하신 방법론의 핵심을 이렇게 이야기한다. "예수님은 다수에게 다가갈 수 있는 프로그램들이 아니라 다수가 따르게 될 사람들에게 관심을 쏟으셨다."[3]

바울이 제자를 삼은 방법
우리는 사도 바울이 예수님을 모델로 삼아 예수님과 똑같은 목표와 방법을 채택한 것을 본다. 바울의 대위임령은 바울이 자신의 사명을 천명한 말에서 찾아볼 수 있다. "우리가 그를 전파하여 각 사람을 권하고 모든 지혜로 각 사람을 가르침은 각 사람을 그리스도 안에서 완전한 자로 세우려 함이니 이를 위하여 나도 내 속에서 능력으로 역사하시는 이의 역사를 따라 힘을 다하여 수고하노라".골 1:28~29 바울은 제자를 만드는 일에 열정을 쏟아 부은 나머지, 자신이 돌보는 이들을 성숙한 성도로 만들고자 노심초사하는 자신의 처지를, 아기를 낳느라 진통하는 여인의 수고에 비유하였다. "나의 자녀들아 너희 속에 그리스도의 형상을 이루기까지 다시 너희를 위하여 해산하는 수고를 하노니".갈 4:19

바울은 예수님의 방법을 좇아 각 사람을 제자로 만드는 일에 심혈을 기울였다. 바울 역시 다수를 응시하고 있었지만, 신앙을 견고히 물려주는 일은 많은 청중에게 설교하는 식으로는 이루어지지 않으리라는 것을 알고 있었다. 바울은 디모데에게 복음을 다음 세대에게 전할 때에는 사람에서 사람으로 물려주는 방식을 사용하라고 권면하였다. "또 네가 많은 증인 앞에서 **내**게 들은 바를 **충성된** 사람들에게 부탁하라. 그들이 **또 다른 사람들을 가르칠** 수 있으리라".딤후 2:2, 강조는 저자의 것 바울은 사람에서 사람으로 이어지는 헌신이 있으면 제자들이 한 세대에서 다음 세대로 이어지리라고 보았다. 이 구절 속에는 세대에서 세대로 이어지는 제자훈련 네트워크가 들어있는데, 이 네트워크는 '바울 → 디모데 → 충성된 사람들 → 다른 사람들을 가르침'이라는 모습으로 이어지고 있다.

우리는 바울 자신이 디모데에게 권면한 그대로 살았다는 것을 안다. 바울이 쓴 서신들에는 바울이 자신을 바쳐 양육한 사람들의 이름이 가득하기 때문이다. 전장에서 몸소 군사로 싸웠던 바울은 이제 자신의 자리를 디모데, 디도, 실라실루아노, 유오디아, 순두게, 에바브로디도, 브리스길라와 아굴라 같은 군사들에게 물려주었다. 바울의 선교 여행에 동참했던 이 사람들은 사역자로서 책임을 맡게 되었고 복음을 전하는 일에 조력자가 되었다. 바울은 이 사람들의 삶이 바뀐 것은 자신이 삶으로 이들에게 그리스도의 말씀을 전했기 때문이라고 본다.

성경은 우리가 믿는 말씀뿐만 아니라 우리의 신앙을 다음 세대에 전할 수 있는 방법을 가르쳐준다. 우리는 하나님의 방법을 따라 하나님의 일을 행하도록 부르심을 받았다. 하나님이 일하시는 방법을 성육신에서 발견할 수 있다. 즉, 삶으로 삶과 부대끼는 것이다. 우리가 후대에 그리스도와 닮은 형상을 전하는 방법은 우리 자신이 친밀한 본보기가 되는 것이다. 바울은 "그러므로 내가 너희에게 권하노니 너희는 나를 본받는 자가 되라"고전 4:16고 권하며, "너희는 많은 환난 가운데서 성령의 기쁨으로 말씀을 받아 우리와 주를 본받는 자가 되었으니"살전 1:6라고 말한다.

오늘날의 제자 삼기

제자 삼기는 세대를 이어가는 성숙한 성도들의 삶에 복음을 깊이 심어줄 수 있는 확실한 길이다. 제자훈련은 하나의 관계다. 이 관계를 통해 우리는 제자들을 사랑으로 격려하고 교정하며 도전을 던짐으로써 이들이 그리스도 안에서 장성한 성도로 자라갈 수 있도록 이들과 함께 걸어간다.

이 책은 그리스도 안에서 장성한 제자들을 길러내는 데 필요한 세 가지 요소들을 함께 제시하고 있다. 첫째, **취약성을 드러내는 관계**는 감추어진 자기 모습을 드러내며 정직하게 자신을 고백하는 관계를 의미한다. 이런 관계가 있으면, 성령은 우리를 새 모습으로 다시 빚어내실 수 있다. 둘째, **진리를 중심에 두기**는 사람들이 성경의 진리를 중심으로 자신의 삶을 서로 열어보이고 하나님이 이들의 삶을 그 내면부터 다시금 지어가실 때 강조되는 요소다. 셋째, **상호 책임**은 모든 사람이 함께 동의한 기준을 책임 있게 준수하도록 내게 요구할 수 있는 권위를 다른 사람에게 준다는 의미다. "철이 철을 날카롭게 한다."

우리는 대량생산의 방법으로 제자들을 만들어내지 않을 것이다. 이런 방법은 단기간에 성숙한 성도들을 만들어내려는 시도이기 때문이다. 로버트 콜먼은 그 점을 이렇게 천명한다. "사람은 자신이 어떤 사역을 원하는지 결정해야 한다. 잠깐 갈채를 받을지라도 대중에게 인정받는 사역을 원하는지, 아니면 자신이 선택한 몇 사람들 속에서 자신의 생명을 재생산해냄으로써 자신이 떠난 뒤에도 이 사람들이 그 일을 계속 이어받을 수 있는 사역을 원하는지 결정해야 한다는 말이다."[4] 역설적이지만, 긴 안목으로 볼 때 몇 사람에게 초점을 맞추는 것이 제자의 수를 배가하고 교회 지도자가 될 재목들을 확충할 수 있다. 성인 교육 프로그램들과 소그룹 사역 역시 성도들을 성장시킬 수 있는 좋은 도구이지만, 소규모 제자훈련 그룹에 초점을 맞추지 않으면 견고한 기초를 다지기 힘들다. 키스 필립스가 제시한 다음 표는 복음 전도자가 하루 한 사람씩 그리스도께 돌아오도록 만드는 경우와 제자훈련 인도자가 1년에 한 사람을 제자로 훈련하여 성도로 길러내는 경우를 대비하여 수적으로 어떤 차이를 가져오는지 보여주고 있다.[5]

년수	복음 전도자	제자훈련 인도자	년수	복음 전도자	제자훈련 인도자
1	365	2	9	3,285	512
2	730	4	10	3,650	1,024
3	1,095	8	11	4,015	2,048
4	1,460	16	12	4,380	4,096
5	1,825	32	13	4,745	8,192
6	2,190	64	14	5,110	16,384
7	2,555	128	15	5,475	32,768
8	2,920	256	16	5,840	65,536

어느 쪽을 당신의 비전으로 삼고 그 비전에 헌신할 것인지 지금 결정하라!

■ 생각해볼 문제들

1. 예수님이 열둘을 뽑아 함께 있게 하신 이유는 무엇이었는가?

_____

_____

_____

_____

우리는 여기서, 사람들을 그리스도 안에서 장성한 성도로 자라게 하려면 어떻게 해야 한다는 것을 배울 수 있는가?

_____

_____

_____

_____

2. 바울은 어떤 식으로 예수님의 방법론을 본받았는가?

_____

_____

_____

_____

3. 바울은 고린도전서에서 "너희는 나를 본받는 자가 되라"(4:16)고 권한다. 당신도 바울처럼 말하거나 바울처럼 살 수 있는가? 그렇다면 또는 그렇지 않다면, 그 이유는 무엇인가?

_____

_____

_____

_____

4. 효과적인 제자훈련 관계를 이루어가려면 어떤 요소들이 필요한가?

_____

_____

_____

_____

5. '어깨를 딛고서는 독서'가 당신에게 확신이나 도전이나 위로를 주었는가? 그 이유는 무엇인가?

_____

_____

_____

_____

2 제자 되기

 ## 핵심 진리

제자는 어떤 사람인가?

제자는 예수 그리스도를 따르라는 은혜로운 부르심에 믿음과 순종으로 응답하는 사람이다. 제자가 되는 것은 평생에 걸친 과정으로, 자아가 죽고 예수 그리스도가 우리 안에 들어와 사시도록 하는 것이다.

위에서 제시한 질문과 대답의 핵심 문구를 확인해보라.
그리고 그 의미를 당신 자신의 말로 이야기해보라.

심비에 새기는 말씀

예수님은 결코 가식이나 거짓 약속으로 사람을 꾀어 제자로 만드신 적이 없다. 그분은 제자가 될 수 있는 조건과 제자가 누릴 수 있는 유익을 분명하게 제시하셨다.

1. 누가복음 9장 18~27절을 읽어보라. 예수님이 요구하시는 제자도의 배경은 무엇인가?

---

2. 오늘 우리가 심비에 새길 말씀은 누가복음 9장 23~24절이다. 이 구절을 소리 내어 암송해보라.

---

3. 예수님이 요구하시는 세 가지는 무엇인가? 자신을 부인한다는 것은 무슨 뜻인가?

4. 당신이 자기 자신의 목숨을 구하려 했던 경험이 있다면 이야기 해보라.

_____

_____

_____

_____

_____

5. 예수님 때문에 목숨을 잃는 것이 실은 목숨을 구하는 것이 되는 이유는 무엇인가?

_____

_____

_____

_____

_____

6. 이번 주에 이 구절이 당신에게 무엇을 말씀해주었는가?

_____

_____

_____

_____

_____

자유케 하는 진리의 말씀

예수님의 인격이 가진 흡인력과 힘은 우리 신앙의 중심이다. 오늘 다룰 본문의 사건은 예수님이 베드로의 삶에 끼친 거부할 수 없는 흡인력과 놀라운 영향력을 잘 묘사해주고 있다.

1. 누가복음 5장 1~11절을 읽으라. 극적인 물고기잡이의 배경을 설명해보라(1~3절).

   _____

   _____

   _____

   _____

2. 예수님은 베드로에게 "깊은 데로 가서 그물을 내려 고기를 잡으라"(4절)라고 명령하신다. 예수님은 이 명령으로 자신이 어떤 분임을 보여주려 하셨는가?

   _____

   _____

   _____

   _____

3. 물고기가 많이 잡히자 베드로가 처음과 다른 반응을 보인 점에 주목하라(8절). 그는 왜 이런 대답을 했을까?

   _____

   _____

   _____

   _____

4. 사람을 취한다는 것(10절)은 무슨 뜻인가?

_____

_____

_____

5. 11절에서 누가는 제자들이 "모든 것을 버려두고 예수를 따랐다"고 우리에게 알려준다. 제자들은 무엇을 포기했는가?(이 포기가 사업에 큰 성공을 거둔 뒤에 곧바로 이루어졌다는 점을 주목하라.)

_____

_____

_____

_____

6. 당신은 예수님이라는 분이 지닌 힘을 어떻게 묘사하겠는가?

_____

_____

_____

7. 당신에게 특히 영향을 준 구절이 있다면 무엇인가?

_____

_____

_____

_____

어깨를 딛고 서는 독서

내 모든 것을 요구한다

[이 글의 일부는 캐나다 밴쿠버 리젠트 칼리지Regent College 목회신학 조교수인 대럴 존슨Darrell Johnson이 썼다.]

"삶은 고달프다." 스캇 펙은 『아직도 가야 할 길』[1]에서 이 말로 서두를 뗀다.

사람들은 대부분 이 진리를 모른다. 사람들은 대개 인생이 만만할 거라고 믿는다. 다수가 걸어가는 길은 고달픈 인생사들 때문에 한탄과 불평을 늘어놓는 길이다. 그러나 소수가 걸어가는 길은 이런 인생의 고달픔을 받아들이고 이 고달픈 일들과 정면으로 부딪치는 길이다.

인생에 관하여 펙이 말하는 내용은 예수 그리스도와 함께하는 인생에 훨씬 더 잘 들어맞는 말이다. 예수 그리스도를 따르는 삶에는 값비싼 희생이 따른다. 제자의 길은 고달프다. 예수님은 산상설교에서 당신과 함께하는 삶은 곧 소수가 걸어간 길임을 아주 분명하게 말씀하셨다. 예수님은 이렇게 말씀하신다. "좁은 문으로 들어가라. 멸망으로 인도하는 문은 크고 그 길이 넓어 그리로 들어가는 자가 많고 생명으로 인도하는 문은 좁고 길이 협착하여 찾는 자가 적음이라".마 7:13~14

예수님은 당신을 따르려는 모든 사람들에게 풍성한 생명을 약속하신다.요 10:10 동시에 예수님은 당신을 따르는 것이 고달픈 길이며 희생을 요구한다고 처음부터 단호하게 말씀하신다. 예수님은 우리에게 소수가 걸었던 그 길로 당신을 따라오라고 요구하신다.

예수님의 실체
마가복음 8장 27~35절은 예수님의 말씀 가운데 가장 어려운 부분일 수 있다. 예수님과 제자들은 갈릴리 바다 북쪽에 있는 빌립보 가이사랴 근방의 여러 마을들을 지나가고 있었다. 빌립보 가이사랴는 다원성이 존재하는 성읍이었다. 부유한 성읍이었고 다양한 종교와 철학 전통을 지닌 곳이었다. 이때까지 예수님께서 행하신 일들을 보고 예수님의 말씀을 들은 사람들은 "대체 이 사람이 누구지?"라는 의문을 품게 되었다. 빌립보 가이사랴에서 예수님은 제자들에게 "사람들이 나를 누구라고 하느냐?"라고 물으셨다. 여러 대답이 나온 뒤에, 예수님은 다시 제자들에게 "너희는 나를 누구라 하느냐?"라고 물으셨다. 이때 베드로가 열두 제자를 대표하여 "주는 그리스도시니이다"막 8:29; 마 16:16라고 대답했다.

예수님은 그들의 대답을 그대로 인정하셨다. 그러나 예수님은 즉시 그들이 쓴 말 곧 메시아와 하나님의 아들에 그들이 상상조차 못했던 의미가 담겨 있음을 설명하기 시작하셨다. "인자 예수님께서 자신을 가리키는 말로 즐겨 쓰셨던 것가 많은 고난을 받고 장로들과 대제사장들과 서기관들에게 버린 바 되어 죽임을 당하고 사흘 만에 살아나야 할 것을 비로소 그들에게 가르치시니".막 8:31 예수님은 자신이 빌립보 가이사랴를 떠나 예루살렘으로 가셔야 하는 것을 알고 계셨다. 또 예루살렘에서 고난을 당해야 한다는 것도 알고 계셨다. 고난뿐만 아니라 배척까지 받게 되고, 나아가 십자가에 못 박혀 죽임을 당하게 되리라는 것을 알고 계셨다. 그리고 다시 살아나리라는 것도 알고 계셨다.

반면, 베드로는 예수님의 말씀을 용납할 수 없었다. 그는 이렇게 말했다. "주여 그리 마옵소서 이 일이 결코 주께 미치지 아니하리이다".마 16:22 고난과 죽음은 베드로가 생각하는 메시아에게 어울리지 않는 일이었다. 그는 메시아를 영광과 능력으로 임하실 분이라고 생각했다.

베드로 자신도 예수님께서 말씀하신 메시아의 의미가 무엇인지 알고 있었다. 예수님께서 십자가에 달리시지 않는다면 부활은 있을 수 없었다. 제자들의 경우에도 십자가에 달리지 않는다면 부활이 있을 수 없다. 베드로는 시험하는 자마귀의 대변인이 되어, 예수님께서 광야에서 물리치셨던 그 시험으로 예수님을 다시 유혹하였다.

소수만이 따라간 예수님의 험로險路

그날로부터 예수님은 소수가 걸어간 길을 걸으시고 그 길로 가라고 가르치셨다. 그 길은 부활로 이어졌지만, 십자가를 통과해야 하는 길이었다. 이 길 말고도 십자가를 피할 수 있는 갖가지 길이 있다. 그러나 이 길들은 결국 모두 막다른 길에 이르고 만다. 생명으로 인도하는 길은 오직 하나뿐이다. 이 길 끝에는 빈 무덤이 기다리고 있다. 그러나 십자가를 통과할 경우에만 이 빈 무덤에 이를 수 있다.

예수님은 이 따르기 힘든 말씀을 당신의 제자들뿐만 아니라 다수의 군중들에게도 하셨다. 윌리엄 바클레이는 "자신이 거짓으로 예수님을 따르라는 권면을 받았다고 말할 수 있는 사람은 아무도 없었다. 예수님은 사람들에게 쉬운 길을 제시하며 회유하려 하시지 않았다"[2]라고 말했는데, 옳은 말이다. 예수님은 제자가 되려는 사람들에게 툭 터놓고 이렇게 말씀하셨다. "만일 누구든지 나를 따라오면 내가 너희에게 생명을 풍성히 주겠다. 나는 너희가 나를 따르기를 원한다. 나를 따르는 것이 바로 너희가 할 일이다".막 8:34~35 참조

예수님께서 '만일'이라는 말을 사용하신 점에 유의하라. '만일'이라는 말은 우리에게 선택할 자유가 있음을 예수님께서 인정하셨다는 뜻이다. 어느 부유한 사람은 제자가 되라는 예수님의 부르심을 듣고 예수님을 떠나 도망갔다.막 10:17~22 자신이 해야 할 일을 듣고 생각해보니 희생이 너무 크다고 판단한 결과였다. 마가는 예수님께서 그 사람을 보시고 사랑하셨을 뿐만 아니라21절 그가 무엇을 선택할지도 아셨다고 우리에게 일러준다. 그러나 예수님은 도망가는 그 사람을 뒤쫓아 가거나 제자가 되는 조건을 변경하시지 않았다. 예수님은 "그 비용을 먼저 계산하라"눅 14:28고 말씀하셨다. "너희는 나더러 메시아, 그리스도라고 한다. 너희는 나를 따르기 원하느냐? 만일 그렇다면, 너희는 내가 가는 곳이 어디인지 그리고 나를 따를 때에 너희도 그곳에 도달할 수 있다는 것을 아주 분명하게 깨달아야 한다."

예수님은 소수가 걸어간 그 길을 묘사할 때 세 가지 분명한 문구를 사용하신다. '너 자신을 부인하라', '네 십자가를 지라' 그리고 '나를 위

하여 네 생명을 버리라'가 그 세 가지다.³⁾

너 자신을 부인하라. 우리 주님이 내리신 명령들 중 아마도 가장 오해가 많고 잘못 적용하는 경우가 이 명령일 것이다. 마가가 8장 34절에서 사용하는 이 말은 '맞서다', '배척하다' 또는 '거부하다'라는 의미를 갖고 있다. 요컨대, 너 자신을 부정하라는 뜻이다.

'너 자신을 부인하라'라는 말은 신약의 중요한 본문에서 많이 사용하고 있다. 가령, 마가복음 14장 71절을 보면, 예수님께서 붙잡히신 뒤에 베드로가 뜰 밖에서 불을 쬐고 있는 장면을 발견할 수 있다. 베드로는 예수님을 아는 자라며 세 번 추궁을 당한다. 그러자 그는 저주와 맹세를 늘어놓으며 이렇게 말한다. "너희가 말하는 이 사람을 알지 못하노라." 베드로는 심지어 자신이 예수님께서 누구이심을 안다는 것조차 부인하였다.

너 자신을 부인한다는 말은 "나는 그 사람이 누구인지 모른다"라고 말하는 것이다.

너 자신을 부인하라는 말은 물직적인 부분을 내려놓는다는 의미도 담고 있을 수 있지만, 예수님의 말씀은 이런 의미가 아니다. 너 자신을 부인하라는 말은 자신의 가치를 부인하라는 뜻도 아니다. 당신이 예수님을 따르다 보면 틀림없이 안 좋은 일이 생길 거라고 말하는 이들도 있다. 그러나 너 자신을 부인하라는 말은 당신의 행복을 부인하라는 말이 아니다. 마지막으로, 너 자신을 부인하라는 말은 당신의 이성을 부인하라는 의미도 아니다.

너 자신을 부인하라는 말은 당신이 자기 자신의 주인임을 부인하라는 뜻이다. 이 말은 '내'가 신神이라는 것을 부인하라는 말이요, '나'라는 신이 제시하는 모든 요구를 거부하라는 말이며, '나'라는 신이 내리는 모든 명령에 순종하지 말라는 말이다. 한마디로 단호하게 "나는 '나'라는 하나님을 모릅니다. 나는 더 이상 '나'라는 하나님에게 절하지 않습니다"라고 선언하라는 말이다. 예수님은 우리에게 자신을 부인하라고 요구하신다. 그래야 예수님을 따를 수 있다.⁴⁾

네 십자가를 지라. 이것 역시 사람들이 오해하고 잘못 적용하는 말이다. 이 말을 오랜 병고나 장애, 좋지 않은 경험이나 부담스러운 관계를 꾹 참고 지내라는 말 정도로 생각하면서, "이건 내가 짊어져야 할 십자가야"라는 말을 쓰는 사람들이 많다. 그러나 예수님께서 하신 이 말씀은 그보다 훨씬 더 많은 의미를 담고 있다. "군중들이나 제자들이나 하나같이 예수님의 이 말씀에 틀림없이 반감을 느꼈을 것이다."[5] 사람들은 이 말을 들으며 자신이 공개 처형당할 죄수가 되어 십자가를 진 모습을 떠올렸을 것이다.

사형 선고를 받은 죄수만이 십자가를 짊어졌다. 죄수는 자신이 달릴 십자가를 짊어지고 거리를 걸어갈 때, 자신이 죽은 사람임을 만천하에 알린다. 그의 목숨은 이미 끝장난 셈이었다. 사람들이 보는 가운데 십자가형을 받으러 가는 사람들은 "이 땅의 소망과 야망을 모두 접어야만 했다."[6] 예수님은 당신을 따르는 사람들에게 자신을 이미 죽은 자, 이 땅의 소망과 꿈을 모두 땅속에 묻은 자, 우리 스스로 세웠던 계획과 포부들을 모두 땅속에 묻은 자로 여기라고 요구하신다. 예수님은 우리 꿈을 부활시켜 주시거나 그 꿈들을 예수님의 꿈과 계획들로 바꾸시려고 한다.

이것은 따르기 힘든 말씀이지만, 동시에 해방을 안겨주는 말씀이기도 하다. 인간을 속박하는 온갖 것들은 우리 자신이 스스로 신이 된 결과물이다. 우리가 부정不正하고 그릇된 왕관을 벗어버릴 때, 자신이 신임을 부인할 때, '나'라는 신은 이미 죽었다 치고 살아갈 때 자유는 찾아온다.

나를 위하여 네 생명을 버리라. 소수가 걸어간 길의 역설이 여기에 있다. 우리가 예수님 때문에 자기 자신을 잃어버릴 때 비로소 우리는 자기 자신을 발견한다. 그렇다면 우리가 예수님을 위하여 목숨을 잃을 수 있는 길은 무엇인가? 그 길은 우리 존재, 우리 소유 전부를 내놓고 예수님과 예수님께서 전하신 복음을 얻는 것이다. "여기에 내 집, 내 돈, 내 재능과 은사, 내 두뇌, 내 마음, 내 손, 내 발, 내 입이 있습니다. 다 당신 것입니다. 이 모든 것을 당신을 영화롭게 하고 이 땅에서 당신의 목적을 더 이뤄가는 데 사용하십시오"라고 말하는 것이 바

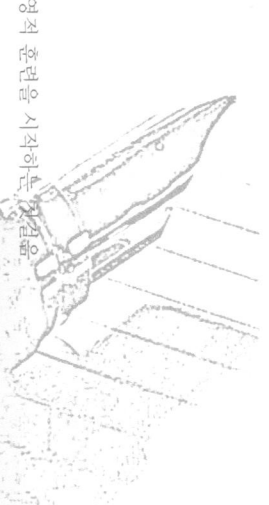

로 우리 존재, 우리 소유 전부를 내놓는 것이다.

세상의 지혜에 비춰본다면, 이렇게 말하는 것은 무모한 일이다. 그러나 결국 역사가 막을 내리는 순간, 그 순간에 정말 중요한 것은 무엇일까? 오직 하나님의 나라만 의미가 있을 것이다. 마지막날에 이익을 거둘 투자는 지금 하나님 나라에 투자하는 것뿐이다. 소수가 걸었던 그 길을 걷는 사람들, 예수님 때문에 모든 것을 잃는 길을 선택한 사람들은 마지막때에 정말 가치 있는 모든 것을 얻게 될 것이다. 짐 엘리엇 Jim Elliot는 이를 이렇게 잘 요약해놓았다. "영원한 것을 얻고자 영원하지 않은 것을 버리는 사람은 결코 바보가 아니다."

바울이 빌립보 사람들에게 아주 큰 기쁨으로 이렇게 말한 것도 이런 이유 때문이다.

"그러나 무엇이든지 내게 유익하던 것을 내가 그리스도를 위하여 다 해로 여길 뿐더러 또한 모든 것을 해로 여김은 내 주 그리스도 예수를 아는 지식이 가장 고상하기 때문이라 내가 그를 위하여 모든 것을 잃어버리고 배설물로 여김은 그리스도를 얻고 그 안에서 발견되려 함이니 내가 가진 의는 율법에서 난 것이 아니요 오직 그리스도를 믿음으로 말미암은 것이니 곧 믿음으로 하나님께로부터 난 의라 내가 그리스도와 그 부활의 권능과 그 고난에 참여함을 알고자 하여 그의 죽으심을 본받아 어떻게 해서든지 죽은 자 가운데서 부활에 이르려 하노니"빌 3:7~11

도전을 받아들이기

우리가 아직도 예수님께서 던지신 도전과 정면으로 맞닥뜨리지 않았음을 보여주는 표지들이 있다면 무엇일까? 그런 표지들은 오늘날 교회 안에 차고 넘친다. 그런 표지들은 질투다른 사람이 가진 것을 갖지 못한 데 따르는 감정, 경쟁심옆 사람보다 더 많은 것을 얻으려는 마음, 말다툼을 즐기는 마음우리 자신의 방법을 기어코 관철시키려는 마음, 과민반응우리가 한 일이 인정받지 못할 때 분을 내거나 우리가 그리스도를 위하여 모든 것을 버렸다는 점을 인정받고자 하는 마음으로 나타난다. 우리는 우리가 가지고 있는 것들 가령, 좋은 집과 새 차를 누릴 만한 자격이 있다고 믿는다. 우리는 미래를 계획할 때 하나님 나라를 염두에 두지 않으며, 우리가 가진 자원도 자신의 왕국을 발전시키는 데 활용한다. 우리는 하나님이 주신 은사들을 우리 자신의 이름과 평판을 높이는 데 사용한다.

그러나 "한 알의 밀이 땅에 떨어져 죽지 아니하면 한 알 그대로 있고 죽으면 많은 열매를 맺"는다.요 12:24 부활절로 가려면, 주님이 십자가에 달리신 금요일을 거쳐야 한다. 부활로 가려면, 십자가를 거쳐야 한다. 새 생명을 얻으려면, 옛것이 죽어야 한다. 부활로 가려면, 십자가에서 죽음을 맛보아야 한다. 예수님은 우리에게 당신이 걸으셨던 바로 그 길을 걸으라고 요구하신다.

■ 생각해볼 문제들

1. 스캇 펙은 이렇게 말한다. "삶은 고달프다. 우리가 일단 이 진리를 알면, 우리는 이 진리를 초월한다." 당신은 이 말에 동의하는가, 동의하지 않는가? 그 이유는 무엇인가?

_____

_____

_____

2. 예수님이 종교 지도자들의 손에 죽어야 한다고 말씀하셨을 때, 베드로가 이 말씀을 받아들이기 어려웠던 이유는 무엇인가?

_____

_____

_____

_____

예수님의 이 말씀을 지금도 받아들이기 어려운 이유는 무엇인가?

_____

_____

_____

_____

_____

3. '어깨를 딛고서는 독서'는 '너 자신을 부인하라'라는 말이 의미
하지 않는 많은 것들을 제시한다. 그 중 당신에게 해당하는 것
은 무엇이며, 그 이유는 무엇인가?

_____

_____

_____

_____

_____

_____

_____

4. 저자는 "자기 십자가를 지라"는 말이 우리 삶은 이미 끝났다는
의미라고 말한다. 이 말은 무슨 뜻인가? 당신은 이 말을 어떻게
받아들이는가?

_____

_____

_____

_____

_____

5. 어떻게 우리는 자신의 생명을 버릴 때 비로소 생명을 찾게 되는 것일까?

---

6. '어깨를 딛고서는 독서'는 결론부에서 우리가 예수님의 철저한 요구를 정면으로 받아들이지 못하고 있다는 표지들을 몇 가지 제시한다. 이 표지들 중 당신 자신에게 해당하는 것이 있다면 어떤 것인가?

---

7. '어깨를 딛고서는 독서'가 당신에게 확신이나 도전이나 위로를 주었는가? 그 이유는 무엇인가?

---

3 경건의 시간(Q.T.)

[
심비에 새기는 말씀 시편 1:1~3
자유케 하는 진리의 말씀 요한복음 15:1~11
어깨를 딛고서는 독서 Q.T.를 소개합니다
]

 핵심 진리

제자는 매일 그리스도 안에서 어떻게 자라가는가?

예수님은 아버지를 만나러 "한적한 곳"으로 가셨다(막 1:35). 마찬가지로, 예수님의 제자 역시 분주한 삶에서 벗어나 조용하게, 구주요 주인이신 그분과 1대 1로 만나는 시간을 가져야 한다.

위에서 제시한 질문과 대답의 핵심 문구를 확인해보라. 그리고 그 의미를 당신 자신의 말로 이야기해보라.

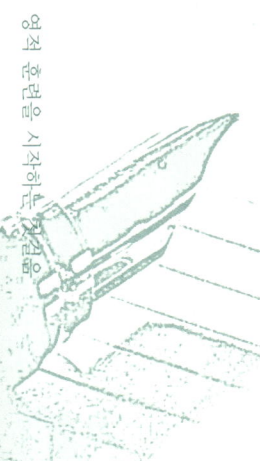

📖 심비에 새기는 말씀

우리 삶의 건강한 열매는 좋은 영양을 공급하고 잘 보살핀 뿌리의 산물이다. 만일 우리가 우리 내면의 삶을 하나님의 말씀의 진리에 깊이 담그게 되면, 생명은 우리 안에서 활짝 피어날 것이다.

1. 시편 1편을 읽어보라. 악인과 의인은 어떻게 대조되는가?

2. 오늘 우리가 심비에 새길 말씀은 시편 1편 1~3절이다. 이 구절을 소리 내어 암송해보라.

3. 복 있는 사람을 제일 먼저 규정하는 것은 그가 행하지 않는 것이다. 복 있는 사람이 피해야 할 것은 무엇인가(1절)?

4. 여호와의 율법을 즐거워한다는 말은 무슨 뜻인가?

_____

_____

_____

_____

5. 3절은 무엇을 비교하는가?

_____

_____

_____

3절의 이미지는 우리 삶에서 열매가 자라고 양분을 공급받는 모습을 무엇이라고 말해주는가?

_____

_____

_____

6. 당신은 '형통하다'(3절)라는 말을 어떻게 정의하겠는가?

_____

_____

_____

7. 이번 주에 이 구절이 당신에게 무엇을 말씀해주었는가?

_____

_____

_____

자유케 하는 진리의 말씀

예수님 역시 유기체의 이미지를 사용하여 우리가 열매를 맺기 위해 예수님과 어떤 관계를 맺어야 하는지를 설명하신다. 예수님은 당신이 포도나무이시며 우리가 그분의 가지라고 말씀하신다(요 15:5).

1. 요한복음 15장 1~11절을 읽으라. '붙어있다'라는 말이 포도나무와 그 가지의 관계를 규정한다(4~7, 9, 10절). 이 구절들로 보아, '붙어있다'라는 말은 무슨 뜻인가?

   _____

   _____

   _____

   _____

2. 우리가 포도나무 되신 예수님께 붙어있으려면 무엇을 해야 하는가(4~5, 7, 9, 10절)?

   _____

   _____

   _____

   _____

3. 예수님은 열매를 맺는 것이 우리 삶의 목적이라고 말씀하신다(8절). 우리 삶이 맺어야 할 열매의 본질은 무엇인가?

   _____

   _____

   _____

   _____

4. 더 많은 열매를 맺으려면 가지치기가 필요하다(2절). 하나님은 우리 삶에서 "죽은" 가지들을 제거할 때 무엇을 사용하시는가?

_____

_____

_____

_____

_____

_____

5. 예수님은 포도나무에 붙어있지 아니한 가지들은 잘라낸 다음 불에 던져 살라버린다고 경고하신다(2, 6절). 예수님의 이 말씀은 무슨 의미인가?

_____

_____

_____

_____

_____

_____

6. 예수님은 "나를 떠나서는 너희가 아무것도 할 수 없다"(5절)라고 말씀하신다. 이것은 무슨 뜻인가?

_____

_____

_____

_____

_____

_____

7. 예수님은 11절에서 이런 가르침을 주시는 목적은 "내 기쁨이 너희 안에 있어 너희 기쁨을 충만하게 하려는 것"이라고 말씀하신다. 예수님께서 우리가 갖게 되기를 바라시는 기쁨이란 무엇일까?

_____

_____

_____

_____

_____

8. 당신에게 특히 영향을 준 구절이 있다면 무엇인가?

_____

_____

_____

_____

어깨를 딛고서는 독서

Q.T.를 소개합니다

『우주의 주, 내 삶의 주』 *Lord of the Universe, Lord of My Life*의 내용을 고쳐 쓴 것이다.1)

매일 갖는 Q.T.는 날마다 제자와 그 주님이신 예수 그리스도가 1대 1로 친밀하게 만나는 시간이다. 이 시간은 즉석 만남이어서는 안 된다. 우리는 매일 주님과 아무 준비 없이 즉석에서 친밀한 사귐을 자주 가질 수 있다. 그러나 Q.T.는 오로지 우리 구주요 주인이신 그분과 친밀한 만남을 나눌 요량으로 미리 떼어놓은 시간이다.

매일 갖는 Q.T.는 적어도 세 가지 구성 요소로 이루어진다.

- 단지 연구를 하기 위해서만이 아니라 기록된 말씀을 통해 예수 그리스도를 만나겠다는 뜻을 품고 성경을 읽기.
- 우리가 읽은 성경 말씀을 깊이 묵상하여 성경의 진리가 우리 지성과 감정과 의지를 충만하게 채우도록 만들기. "주야로 이 율법 책을 묵상하여".수 1:8
- 하나님께 기도하기(하나님과 친밀한 대화 나누기): 하나님께 우리 죄를 고백하고 우리에게 필요한 것을 공급해주시도록 간구하며 다른 사람들을 위하여 기도할 뿐만 아니라, 하나님께 찬미와 감사와 경배를 드리기.

Q.T.는 왜 중요한가?

우리는 왜 날마다 경건의 시간을 가져야 하는가? 적어도 세 가지 이유를 들 수 있다.

하나님을 기쁘시게 하는 일이다. 설령 다른 이유가 없어도, 하나님과 매일 친밀한 사귐을 갖는 데는 이 이유 하나만으로 족하다.

구약이 말씀하는 희생 제사 가운데 매일 드리는 제사가 딱 하나 있다. 그것은 상번제常燔祭다. 상번제의 목적은 무엇인가? 속죄뿐만 아니라 하나님께 기쁨달콤한 향기을 드리는 것이다. 신약 성경은 우리에게 매일 하나님께 찬송의 제사를 올리라고 당부하면서, 이 제사를 "그 이름을 증언하는 입술의 열매"히 13:15라고 부른다. 하나님이 바로 그런 일을 행하려는 사람들을 찾고 계신다는 것을 알면 우리는 깜짝 놀랄 것이다: "아버지께서는 자기에게 이렇게 예배하는 자들을 찾으시느니라".요 4:23 우리가 하나님과 얼마나 깊은 사귐을 갖고 있는지 보여주는 지표 중의 하나가 기꺼이 그분과 단둘이 친밀한 사귐의 시간을 갖고 싶어하는 우리의 마음이다. 이때 우리가 이런 시간을 갖고자 하는 것은 우리가 이 시간에서 무언가를 얻을 뿐만 아니라 하나님께도 이 시간이 의미 있는 시간이기 때문이다.

우리가 여러 유익을 얻는다. 시편 기자는 이 점을 염두에 두고 이렇게 써놓았다. "하나님이여 사슴이 시냇물을 찾기에 갈급함 같이 내 영혼이 주를 찾기에 갈급하니이다. 내 영혼이 하나님 곧 살아계시는 하나님을 갈망하나니 내가 어느 때에 나아가서 하나님의 얼굴을 뵈올까".시 42:1~2 우리는 Q.T.가 주는 이로움을 몇 가지로 집약해볼 수 있다.

• **정보** 그리스도 및 그리스도의 말씀과 더불어 시간을 보내면 우리는 그분과 그분의 진리들을 알게 된다. 우리가 그리스도께 순종하려면 그분이 무엇을 명령하셨는지 먼저 알아야 한다. 인생이 무엇인지 이해하려면 예수님께서 우리에게 가르쳐주신 것을 알아야 한다.

• **격려** 때로 우리는 낙심한다. 우리가 낙심할 때 우리에게 새 영을 불어넣어 주는 근원으로 주 예수 그리스도보다 훌륭한 이는 없다.

• **능력** 우리가 어떤 사람이 되어야 하며 무엇을 해야 하는지 안다 해도, 우리에게는 그런 사람이 되고 그런 일을 할 수 있는 능력이 없다. 그리스도는 능력의 원천이시다. 따라서 우리가 그 능력을 받으려면, 반드시 그분과 만나야 한다.

• **기쁨** 우리가 사랑하는 사람과 단둘이 있는 것은 기쁨이다. 그리스도와 더불어 시간을 보낼 때, 우리는 다른 어디에서도 얻을 수 없는

기쁨을 맛보게 된다.

예수님도 경건의 시간을 가지셨다. "새벽 아직도 밝기 전에 예수께서 일어나 나가 한적한 곳으로 가사 거기서 기도하시더니".^{막 1:35} 우리 주님이 당신의 아버지이신 하나님과 은밀히 만나는 시간이 필요하다고 생각하셨다면, 그분이 보여주신 본보기는 우리도 그렇게 해야 할 좋은 이유가 된다.

문제는 우리가 그저 그런 그리스도인이 될 것이냐, 아니면 자라가는 그리스도인이 될 것이냐이다. 그 답을 결정하는 주요 요인은 우리가 매일 Q.T.하는 훈련을 하느냐 마느냐이다.

어떻게 시작할 것인가

당신이 Q.T.를 시작하기 원한다면 우선 무엇을 할 수 있을까?

첫째, 자기절제의 원리를 기억하라. 당신이 해야 할 그 일을 할 때, 옳은 명분을 위해 그 일을 해야 할 곳에서, 그 일에 합당한 방식으로 행하도록 하라. 다시 말해, 자기절제는 자신이 갖고 있는 자원들 가령, 시간과 에너지를 현명하게 사용하는 것이다.

둘째, Q.T.할 시간을 미리 마련해두라. 당신이 매일 가장 정신이 맑은 시간을 Q.T.하는 시간으로 잡아야 한다. 어떤 사람은 아침식사 전이 그런 시간일 수 있고, 또 어떤 사람은 낮시간이나 저녁시간이 그런 시간일 수도 있다. 딱히 꼭 그래야 하는 것은 아니지만, 아침시간이 가장 좋다. 분주한 생각과 활동이 정신없이 몰아칠 하루가 시작되기 전이기 때문이다. 오케스트라는 음악회를 시작하기 전에 악기를 조율하는 법이다.

Q.T.에 얼마나 많은 시간을 할애해야 하는가? 이는 사람마다 다르다. 그러나 가장 좋은 방법은 하루 10분에서 시작하여 30분 정도까지 발전시켜 가는 것이다. 이 정도 시간을 규칙적으로 Q.T.에 할애하면, 자기절제를 강화하는 데 큰 힘이 될 수 있다. 여기서 한 가지 제안을 해본다. 잠깐 이 '어깨를 딛고서는 독서' 읽기를 멈추고 지금 당장 Q.T.를 언제, 얼마 동안 할 것인지 결정하라. 내일부터 당장 Q.T.를 시

작한다면, 당신은 매일 조용한 시간에 주 예수 그리스도를 만나게 될 것이다.

셋째, 미리 계획하라. 일찍 잠자리에 들도록 하라. 그래야 아침에 깨어 상쾌한 상태로 그리스도를 만날 수 있다. 매일 Q.T.를 하겠다는 결심을 실천하지 못하는 것은 종종 전날 밤에 그 원인이 있다. 밤늦도록 잠자리에 들지 않으면 아침에 맑은 정신을 갖기 힘들다. 이렇게 되면 우리는 주님을 만나는 시간에 멍한 눈으로 정신을 놓고 있을 것이다. 혹은 늦잠을 자다가 결국 Q.T. 자체를 건너뛰고 말 것이다.

넷째, 정말 조용한 시간에 Q.T.를 하도록 하라. 시편 46편 10절은 이렇게 말한다. "너희는 가만히 있어 내가 하나님 됨을 알지어다." 라디오나 TV를 끄라. 될 수 있는 대로 조용한 장소를 찾고, 맑은 정신을 유지하는 데 도움이 되는 장소나 위치를 확보하도록 하라. 잠자리에서 빠져 나오라. 일어나서 똑바로 앉도록 하라. 잠자리에서 머무적대거나 너무 편안한 의자에 몸을 기대다 보면 금세 졸음에 빠질 수도 있다.

다섯째, 하나님과 함께하는 시간을 먼저 기도로 시작하라. 성령께서 당신이 드리는 그 시간을 통제해주시고, 당신의 찬미와 고백과 감사와 경배와 중보와 간구와 묵상을 인도해주시도록 기도하라. 아울러 당신이 하나님의 말씀을 바로 깨달을 수 있도록 도와주시기를 간구하라. 당신의 지성과 마음을 하나님의 말씀을 향해 열도록 하라.

여섯째, 공책을 가까이 두라. 당신이 기억하고 싶은 아이디어들이나 대답할 수 없는 물음들을 그 공책에 기록하라. 표현하면 감동이 깊어진다. 쓰기는 좋은 표현 방법이다.

마지막으로, 당신이 세운 계획과 목표를 친구와 나누도록 하라. 당신이 매일 Q.T.하는 훈련을 하려고 한다는 것을 친구에게 알리도록 하라. 당신이 목적을 이룰 수 있게끔 하나님이 도와주시도록 기도해 달라고 그 친구에게 요청하라.

Q.T.할 때 흔히 부닥치는 문제들

당신이 Q.T.를 해나갈 때 흔히 부닥치는 몇 가지 문제들을 아래에 적어

보았다.

매일 Q.T.를 해야 한다는 것은 알지만, 나는 별로 하고 싶지 않아요. *해결책:* 매일 Q.T.를 하고픈 마음을 당신 속에 심어주시도록 성령께 간구하라. 어느 누구도 당신을 대신하여 이 일을 해줄 수 없다. 당신 스스로 Q.T.를 하고픈 소망을 만들어내지 못한다면, 다른 어떤 사람도 당신에게 그런 마음을 만들어줄 수 없다.

오늘은 Q.T.를 건너뛰고 싶습니다. *해결책:* 어떤 식으로든 조용한 시간을 내어 오늘은 당신이 그리스도를 만나고 싶은 마음이 들지 않는다는 것, 그러면서도 당신이 시간을 드리는 것이 가치 있는 일임을 알고 있다는 것을 그리스도께 솔직히 말씀드리라. 당신의 마음을 북돋아주시고 당신이 왜 그런 마음이 드는지 깨우쳐주시도록 그리스도께 간구하라. 그런 다음, 이런 실패들을 만들어내는 요인을 분석하고 해결해보라.

Q.T.할 때 정신이 산만합니다. *해결책:* 당신의 정신을 그리스도와 그리스도의 말씀에 집중할 수 있는 힘을 달라고 성령께 간구하라. 자제력을 발휘하여 당신의 정신을 한곳에 모아 산만함을 점점 더 줄이도록 하라. 당신이 조용한 곳에서 소리 내어 찬송하고 기도하며 성경을 읽게 되면, 하나님과 대화한다는 느낌을 갖게 될 것이다. 당신이 성경을 읽으면서 기도 제목을 적거나 연구한 내용을 간략히 메모하는 경우처럼 무언가를 기록한다면 정신의 산만함이 줄어들 것이다.

나는 Q.T.를 너무 자주 빼먹습니다. *해결책:* Q.T.를 하고자 하는 마음을 굳세게 해주시고 당신이 시간을 절도 있게 사용할 수 있는 힘을 갖게 해달라고 주님께 기도하라. 다른 그리스도인 친구에게 매일 빠짐없이 Q.T.를 갖고자 하는 당신의 소망을 말하라. 그에게 당신을 독려할 수 있는 권한을 주라. Q.T.를 빠뜨렸다 하여 양심에 지나친 가책을 받거나 마귀가 정죄하지 못하도록 하라. 당신이 예수님과 한 약속을 지키지 못하였음을 그분께 고백하고 용서를 빌라. 그리고 그분과 다시 새로운 사귐을 갖도록 하라.

내 Q.T.는 따분합니다. *해결책:* 당신이 그리스도와 은밀히 만나는 그 시간에 주님의 기쁨이 당신에게 다시 임할 수 있도록 기도하라.시 51:12 당신의 접근방법에 조금 변화를 주어보라. 찬송에 변화를 준다거나 성경 연구 형태를 바꿔보라.

매일 Q.T.하는 훈련을 하기가 아주 어려운 데는 두 가지 큰 원인이 있다. 첫째는 육신의 영향이다. 당신의 오랜 본성은 매일 Q.T.를 하는 것 그리고 그리스도를 기쁘게 해드릴 수 있는 다른 모든 훈련갈 5:16~17을 보라에 반대한다는 점을 유념하라. 성령께서 당신의 새 본성이 옛 본성을 이길 수 있게 해달라고 기도하라.

두 번째 이유는 사탄의 저항이다. 사탄은 그리스도를 기쁘게 해드리려는 당신의 모든 노력을 훼방한다. 사탄의 전략은 당신에게서 매일 Q.T.하는 즐거움을 빼앗는 것이요, 당신의 시간표를 늦은 밤까지 빼곡하게 채워놓아 아침에 일어나기 힘들게 만드는 것이며, 당신이 주님과 함께하는 시간에 졸도록 만드는 것이요, 당신의 정신을 산만하게 만드는 것이며, 당신이 그리스도와 만나는 그 시간을 어떤 식으로든 훼방하는 것이다. 이런 마귀를 물리쳐주시도록 성령께 간구하라.

지금 당장 시작하라!

지금 당장 내일 할 Q.T. 계획을 세우라. 그리고 매일 다음날 계획을 세우도록 하라. 만일 아침 시간을 놓쳤다 하더라도 포기하지 말라. 마귀가 당신의 실패를 좋아할 수 없게 하라. 주님께 주님과 만나는 시간을 빠뜨린 것에 용서를 구하고 다음 시간에는 꼭 Q.T.를 할 수 있게 도와주시도록 간구하라. 당신은 분명 몇 차례 Q.T.를 빠뜨리게 될 것이다. 이런 일을 여러 번 반복하고 난 뒤에야 이 훈련에 성공하게 될 것이다. 실제로, 일부 사람들은 매일 Q.T.하는 습관을 갖는 데 몇 달이나 걸린 경우도 있다. 그런가 하면 어떤 사람들에게는 이 훈련이 평생 훈련이 되기도 한다. 어찌 되었든 포기하지 말라. 하나님의 도우심을 힘입어 매일 규칙적으로 그리스도를 만나는 헌신적 제자로 성장해 가리라는 다짐을 하도록 하라.

■ 생각해볼 문제들

1. Q.T.는 무엇인가? 또 그 구성요소에는 무엇이 포함되어야 하는
   가?

   _____

   _____

   _____

   _____

   _____

2. Q.T.가 필요한 이유로 열거한 세 가지 중 당신에게 가장 절실히
   와 닿는 것은 무엇인가?

   _____

   _____

   _____

   _____

   _____

   _____

3. '어깨를 딛고서는 독서'에서 열거한 실천 제안들에서 당신에게
   가장 힘겨운 것이 있다면 무엇인가? 당신에게 도움이 되는 것
   은 무엇인가?

   _____

   _____

   _____

   _____

   _____

4. Q.T.와 관련한 문제들 가운데 당신이 경험해본 것이 있다면 무엇인가? '어깨를 딛고서는 독서'가 제안한 내용들이 당신에게 도움이 되는가?

_____

_____

_____

_____

_____

5. '어깨를 딛고서는 독서'가 당신에게 확신이나 도전이나 위로를 주었는가? 그 이유는 무엇인가?

_____

_____

_____

_____

_____

4 성경 공부

[
심비에 새기는 말씀 디모데후서 3:16~17
자유케 하는 진리의 말씀 시편 119:1~16
어깨를 딛고서는 독서 귀납적 성경 공부
]

 핵심 진리

제자가 매일 갖는 경건의 시간에서 성경은 어떤 위치를 차지해야만 하는가?

구약 성경과 신약 성경은 오직 하나님의 영감으로 기록된 계시로서 신앙과 행위에 관한 모든 문제의 기준이다. 때문에, 날마다 일정한 시간을 할애하여 하나님의 말씀을 읽고 공부하며 묵상해야 한다. 음식이 육신의 양식이듯 성경은 영혼의 양식이다.

위에서 제시한 질문과 대답의 핵심 문구를 확인해보라. 그리고 그 의미를 당신 자신의 말로 이야기해보라.

심비에 새기는 말씀

오늘 암송할 구절은 성경의 근원과 가치를 알려주는 신약 성경의 고전적 구절들 가운데 일부이다.

1. 디모데후서 3장을 읽어보라. 바울이 성경의 본질에 관하여 가르치는 내용은 바울이 묘사하는 불신앙의 세계와 어떻게 대조되는가?

2. 오늘 우리가 심비에 새길 말씀은 디모데후서 3장 16~17절이다. 이 구절들을 소리 내어 암송해보라.

3. "모든 성경은 하나님의 감동(영감)으로 기록되었다"고 바울은 말한다. 성경을 기록케 한 영감은 "영감을 불러일으키는" 연설이나 글의 영감과 어떻게 다른가?

4. 성경이 교훈과 책망과 바르게 함과 의로 교육하기에 어떤 유익이 있는지 말해보라.

_____

_____

_____

_____

5. 성경은 어떻게 우리를 준비시켜 우리가 매일 선한 일을 하도록 만드는가?

_____

_____

_____

_____

6. 성경 공부는 단순히 우리가 아는 정보량만 늘릴 수 있다. 어떻게 하면 우리는 정보를 얻는 데 그치지 않고 변화로 옮겨갈 수 있을까?

_____

_____

_____

_____

7. 이번 주에 이 구절이 당신에게 무엇을 말씀해주었는가?

_____

_____

_____

_____

_____

자유케 하는 진리의 말씀

시편 119편은 시편에서 가장 긴 시이며 하나님의 율법을 찬송하는 시다. 시편 119편은 하나님의 율법이 지닌 가치를 다음과 같은 말로 간결하게 제시한다. "주의 말씀은 내 발에 등이요 내 길에 빛이니이다"(105절). 119편의 첫 16개 구절을 읽어보라. 그러면 우리가 하나님의 말씀을 어떤 태도로 대해야 하며 이 말씀이 우리 삶에서 어떤 위치를 차지해야 하는지를 알게 될 것이다.

1. 시편 119편 1~16절을 읽으라. 하나님의 율법을 달리 표현하는 말이나 문구에는 무엇이 있는가?

_____

_____

_____

_____

_____

_____

_____

2. 하나님의 율법과 관련하여 우리는 무슨 일을 해야 하는가?

_____

_____

_____

_____

_____

3. 우리가 이런 일을 할 경우 우리 삶에는 어떤 결과가 일어날까
   (1~2, 6절)?

   _____

   _____

   _____

4. 11절은 성경을 기억해야 할 이유를 하나 제시한다. 여기서 말
   씀하는 이유는 무엇인가? 또 당신 마음에 떠오르는 이유가 있
   으면 말해보라.

   _____

   _____

   _____

   _____

   _____

5. 당신에게 특히 영향을 준 구절이 있다면 무엇인가?

   _____

   _____

   _____

   _____

어깨를 딛고서는 독서

귀납적 성경 공부

귀납적 성경 공부는 과학적 탐구방법을 사용한다. 우리는 성경 본문에 있는 자료들에서 시작하여 그로부터 의미와 적용에 관한 결론들을 끌어낸다. 연구 과정은 여섯 개의 탐구 질문으로 시작한다. 이 질문들은 베테랑 기자가 정보를 모아 기사를 작성할 때 사용하는 질문들이다. 즉, 누가, 무엇을, 어디서, 언제, 어떻게 그리고 왜를 묻는 질문이다. 일단 진리를 발견하면, 그 의미를 탐구할 수 있고 그 진리를 우리 삶에 적용할 수 있다. 아래에서 개관한 것은 아주 상세한 것, 즉 당신이 한 번 연구해서 따라할 수 있는 것보다 더 상세한 내용이지만, 3단계 연구 과정을 훌륭하게 개관하고 있다. 이 글 뒤에는, 여기서 개관한 연구 방법을 사용한 사례가 있으니 참조하기 바란다.

어떻게 준비할 것인가

먼저, 기도하면서 하나님께 당신 마음을 평안케 해주시고 당신이 듣게 될 진리에 귀를 기울이게 해달라고 간구하라.

1. 관찰 (본문이 무엇을 말씀하는가?)

만일 우리가 하나님께 진심으로 순종하고자 한다면 하나님이 뭐라고 말씀하시는지를 먼저 발견해야만 한다. 첫 단계는, 우리 자신이 지레 짐작한 생각으로 건너뛰기 전에 먼저 본문이 말씀하는 것을 정확히 관찰하는 것이다.

A. 개관

1. 본문을 대강 읽어보면서 그 대지(大旨)를 생각해보라.
2. 필요하다면 본문의 정황과 배경을 참조하라.
3. 다른 역본으로 본문을 다시 읽어보고 차이점들을 찾아보라.
4. 본문을 단락으로 나누어 읽으면서 단락별 대지를 찾아보라.

B. 탐구 질문

1. '누가' 주요 인물들인가, 또 본문은 이들을 어떻게 묘사하고 있는가?
   a. 하나님, 예수님, 그리고/또는 성령님을 어떻게 묘사하는지 주목해보라.
   b. 저자의 성격이나 개성이 본문에 반영되어 있는지, 반영되어 있다면 어떻게 반영되어 있는지 살펴보라.
   c. 어떤 초자연적 존재가 언급되어 있는지 주의하여 보라.
   d. 어떤 인물들이 언급되어 있는지 주의하여 보라.
2. '무슨 일이' 벌어지고 있는가?
   핵심 동사들, 누가 혹은 누구에게 내리는 명령이나 약속들, 본문이나 본문의 맥락이 암시하는 상태들, 본문이 언급하는 지역 관습들, 대화의 흐름을 열거해보라.
3. '어디서' 그 사건들이 벌어지고 있는가?
   한 곳에서 다른 곳까지의 거리는 얼마나 되는가? 이곳은 다른 사건들에도 중요한 의미가 있는가?
4. '언제' 그 사건들이 일어나는가?
   a. 각 사건은 얼마나 오래 지속되는가?
   b. 통치자들의 말, 인물들의 연령, 시간의 추이, 계보, 문화의 차이점들에서 배울 수 있는 것은 무엇인가?
   c. 역사적 배경이나 계절을 알 수 있는 실마리들이 있는가?
5. '왜' 그 사건들이 일어나는가?
6. '어떻게' 그 사건들이 벌어지는가?

C. 요약

　1. 본문이 말하고자 하는 대지(大旨)를 적어보라. 이 대지는 당신 자신이 전개하고 싶어하는 주제일 수도 있다.

　2. 본문을 따라가면서 풀리지 않은 문제들을 기록해보라. 이런 문제들은 이해 과정에서 풀릴 수도 있고, 주석이나 해설 성경, 사전, 지도들을 참조해야 할 수도 있다.

II. 해석 (본문의 의미가 무엇인가?)

해석의 목표는 본문의 1차 독자들과 오늘 여기에 사는 우리에게 본문이 갖는 의미를 제시하는 것이다.

A. 정의들

　1. 용어들과 문구들과 문장들은 무엇을 의미하는가?

　2. 현대어에 상응하는 표현들이 있는가, 있다면 무엇인가?

　3. 어떤 놀라운 말들이 사용되었거나 수사적 표현들, 예를 들어 직유, 은유, 풍자, 언어유희, 과장법이 있으면 열거해보라.

B. 관계들

　1. 왜 이 문구나 단어나 생각이 사용되었는가?

　2. 왜 저자는 여기서 이런 말을 했는가?

　3. 이 생각은 다른 생각과 무슨 관계를 갖고 있는가?

C. 함의含意들

　1. 본문이 말하는 바가 담고 있는 완전한 의미는 무엇인가?

　2. 영적 해석이나 풍유적 해석에 빠지지 않도록 주의하라.

Ⅲ. 적용 (본문은 내게 어떤 의미가 있는가?)

A. 성령의 음성에 깊이 귀를 기울이라.

B. 본문의 대지들를 당신의 삶에 적용하라.
   1. 이미 내 생각의 일부가 된 것이 있는가, 무엇인가? 내게 새로운 것이 있는가, 무엇인가?
   2. 내게 생각을 바꾸라고 요구하는 것이 있는가, 무엇인가? 어떻게 하면 내 생각을 바꿀 수 있을까?
   3. 내 행위에서 바꿔야 할 것이 있다면 무엇인가?
   4. 이제 나는 무엇을 할 수 있는가?
      장기적 행위 목표와 단기적 행위 목표를 설정하라. 계획을 세우라. 당신의 행위 변화나 당신이 알고 싶은 것들을 여러 단계로 분류해보라. 이를테면, 상담하고, 독서지도를 받으며, 행위변화 목표를 세우고, 다른 사람에게 당신을 다그쳐 책임을 다하도록 이끌어줄 권위를 부여하는 식으로 단계별 계획을 세워보라.

C. 당신의 의지를 강력히 천명하라.

D. 성경 본문의 역사적 상황이 이 시대와 더 이상 연관이 없다면, 본문이 제시하는 어떤 원리가 이 시대와 연관을 갖는가?

E. 당신이 아는 것을 특별한 영역들에 적용해보라.
   1. 하나님을 향한 태도와 순종: 자기 자신을 향한 태도
   2. 가족생활과 가족 간의 관계
   3. 직장 동료, 고용주, 부하 직원, 학교 친구들
   4. 당신이 속한 교회나 다른 교회, 선교 기관과의 관계, 실천, 가르침
   5. 국가, 정치, 사회, 경제 문제들

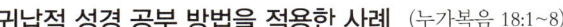

귀납적 성경 공부 방법을 적용한 사례 (누가복음 18:1~8)

관찰 본문이 무엇을 말씀하는가? (누가, 무엇을, 언제, 어디서, 왜, 어떻게)	해석 본문의 의미가 무엇인가?	적용 본문은 내게 어떤 의미가 있는가?
누가 주요 인물들인가, 또 본문은 이들을 어떻게 묘사하고 있는가? 1. 재판장 　• 하나님을 두려워하지 않았다. 　• 사람들을 무시하였다. 　• 불의한 자였다. 2. 과부 　• 올바른 재판으로 자신의 원한을 풀어달라고 계속 재판장에게 간청하였다. 3. 하나님 　• 당신이 택하신 사람들에게 의를 베푸신다. 　• 당신께 부르짖는 사람들에게 귀를 기울이신다. 　• 신속히 의를 행하신다. **무슨 일이 벌어지고 있는가?** 1. 핵심 단어나 문구를 열거해보라. 　• 비유나 기도를 찾아보되, 마음, 의, 기도와 같은 말을 놓치지 말라. 2. 약속 　• 하나님은 당신께 부르짖는 사람들에게 신속히 의를 행하실 것이다. 3. 대화의 흐름 　• 과부는 계속하여 재판장을 찾아간다. 　• 재판장은 의를 행하기를 거부한다. 　• 과부는 계속하여 재판장을 재촉한다. 그리고 마침내 재판장은 과부의 청을 들어준다. 과부의 계속되는 간청에 지쳤던 것이다. **왜 이 이야기가 기록되었을까?** 1. 우리에게 　• 우리가 항상 기도하고 낙심하지 말아야 한다는 것을 일러주려고. 　• 하나님은 당신께 부르짖는 사람들에게 기꺼이 의를 행하신다는 점을 일러주려고. 2. 이 본문을 보며 우리는 '인자가 다시 올 때 믿음을 보겠느냐'라는 말씀을 생각하게 된다.	적절한 질문들을 제시하고 본문의 의미에 관한 결론들을 이끌어낸다. 1. 예수님은 왜 하필 불의한 재판장을 택하여 하나님의 의를 강조하셨을까? 불의한 재판장을 하나님에 비유하신 걸까, 아니면 하나님과 대조되는 인물로 제시하신 걸까? 본문은 비록 끈덕진 과부의 간청 때문이라 해도 불의한 재판장조차 의를 행하여 하였거늘, 사람들을 긍휼히 여기시는 하나님은 오죽 하시겠는가 하는 점을 강조하려 한 것으로 보인다. 2. 왜 하필 예수님은 과부를 주인공으로 택하셨을까? 과부들은 힘이나 권력이 없다. 끈덕지게 조르는 것 외에는 이들이 할 수 있는 방법이 없다. 3. 이 비유가 강조하는 주제는 무엇인가? 기도하고 낙심하지 말라는 것이다. 예수님께서 다시 오실 그날까지 믿음의 기도를 쉬지 말라는 것이다. 4. 예수님은 우리가 하나님에 관하여 어떤 점을 알기를 원하시는가? 하나님은 기꺼이 의를 베풀려 하시며 당신의 백성들이 부르짖는 소리에 귀를 기울이신다.	*고백* – 나는 오랫동안 그리스도를 거역하던 사람들이 그리스도께 돌아오도록 기도할 때, 종종 기도의 초점을 잃어버린다. *순종하는 태도* – 오랫동안 원해온 일들을 놓고 간절히 기도하자. 내 누이가 고통스러운 만성 척추 통증에서 벗어나게 해달라고 기도하자.

■ 생각해볼 문제들

1. 귀납적 방법은 무엇인가?

_____

_____

_____

_____

_____

_____

_____

2. 귀납적 성경 공부 방법이 과학적 방법으로 평가받는 이유는 무
   엇인가?

_____

_____

_____

_____

_____

3. 관찰, 해석 그리고 적용 사이에 존재하는 차이점은 무엇인가?

_____

_____

_____

_____

_____

4. 이 방법은 아주 간결하여 매일 사용할 수 있다. 성경 본문에서 가장 많은 것을 끌어내는 데 도움을 줄 수 있는 이 공부 방법을 사용하면서 당신이 주목한 점이 있다면 무엇인가?

_____

_____

_____

_____

5. 이 공부 방법을 누가복음 11장 5~13절에 적용하여 앞에 제시한 사례와 같은 것을 만들어보라. 사례에서 제시한 지침들을 검토하여 당신이 본문에서 끌어내고 싶은 소재들을 찾아보라. 당신이 찾아낸 것들을 다른 훈련생들과 함께 나누라. 이 본문이 당신에게 제시하는 이슈들은 무엇인가?

_____

_____

_____

_____

5 기도

[
심비에 새기는 말씀 마태복음 6:9~13
자유케 하는 진리의 말씀 누가복음 11:5~13; 18:1~8
어깨를 딛고서는 독서 우리는 어떻게 기도해야 하는가?
]

 핵심 진리

기도는 무엇인가? 제자는 어떻게 해야 효과적인 기도를 할 수 있는가?

기도는 투명한 대화다. 이 대화를 통해 우리는 하나님께 말하고, 은밀한 가운데 하나님의 말씀을 경청한다. 기도의 네 가지 유형은 그 머릿글자를 따서 ACTS로 요약할 수 있다.

경배(Adoration) : 우리를 위해 행하신 일과 상관없이 하나님을 인정하는 것이다.
고백(Confession) : 우리가 저지른 죄를 낱낱이 고하고 용서를 비는 것이다.
감사(Thanksgiving) : 우리에게 베풀어주신 은덕을 인정하고 감사하는 것이다.
간구(Supplication) : 하나님의 뜻을 따라 우리 자신 또는 다른 이들을 위하여
　　간절히 기도하는 것이다.

위에서 제시한 질문과 대답의 핵심 문구를 확인해보라. 그리고 그 의미를 당신 자신의 말로 이야기해보라.

심비에 새기는 말씀

예수님의 제자들은 "주여 우리에게 기도를 가르쳐 주옵소서"(눅 11:1)라고 요청했다. 예수님이 이 요청에 부응하여 가르쳐주신 기도야말로 어떻게 기도할 것인가를 배울 수 있는 가장 훌륭한 교재다.

1. 마태복음 6장은 주님의 기도를 제시하고 있다. 여기서 예수님은 하나님께 진정한 경건을 보이는 경우와 거짓된 경건을 보이는 경우를 대비하신다. 주님의 기도는 하나님을 향한 참사랑을 어떻게 표현하고 있는가?

_____

_____

_____

_____

2. 오늘 우리가 심비에 새길 말씀은 마태복음 6장 9~13절이다. 이 구절들을 소리 내어 암송해보라.

_____

_____

_____

_____

3. 첫 번째 간구는 아버지의 이름이 높이 여김을 받으시길 간구하는 것이다. 왜 예수님은 먼저 이 간구로 기도를 시작하신 걸까?

_____

_____

_____

_____

4. 주님의 기도가 다루는 주제들을 말해보라.

_____

_____

_____

_____

_____

5. 주님의 기도에 각기 다른 유형의 기도들이 들어 있음에 유의하라. 이 기도가 열거하는 유형에서 빠진 것처럼 보이는 것이 있는가?

_____

_____

_____

_____

_____

6. 주기도문은 왜 기도에 도움을 주는 모델인가?

_____

_____

_____

_____

_____

7. 이번 주에 이 구절이 당신에게 무엇을 말씀해주었는가?

_____

_____

_____

_____

자유케 하는 진리의 말씀

오늘 다루게 될 두 본문(누가복음 11:5~13; 18:1~8)은 서로 해석을 도와준다. 오늘 우리는 이 두 본문을 씨줄과 날줄처럼 함께 엮어 왔다갔다 하면서 살펴보게 될 것이다. 우리는 누가복음 18장에서 예수님이 하나님을 불의한 재판장에 비유하신 예사롭지 않은 대목을 설명하는 데 누가복음 11장이 어떻게 도움을 주는지를 발견하게 될 것이다.

1. 누가복음 11장 5~13절과 18장 1~8절을 읽으라. 이 두 본문에서 예수님이 기도에 관하여 말씀하시는 강조점은 무엇인가? 본문에 나오는 과부와 벗은 이 강조점을 어떻게 보여주고 있는가?

_____

_____

_____

_____

_____

2. 본문에 나오는 벗과 과부는 그들에게 "은혜를 베푼 이들"과 관련하여 어떤 위치에 있는 사람들인가? 이것이 우리에게 가르치는 기도 자세는 어떤 것인가?

_____

_____

_____

_____

_____

_____

3. 이 본문들은 하나님에 관하여 우리에게 무엇을 가르쳐주는가? 하나님은 우리가 아첨을 해야 비로소 무언가를 베풀어주시는 분인가? 이 본문들을 사용하여 하나님이 너그러우신 분임을 이야기해보라.

_____

_____

_____

_____

_____

_____

4. 11장 9절과 18장 1, 8절에서 예수님은 우리에게 어떤 기도 자세를 가지라고 요구하시는가?

_____

_____

_____

_____

_____

_____

5. 하나님은 우리에게 필요한 것이 무엇인지 이미 아시는데도 왜 우리가 하나님께 간구하기를 원하시는가?

_____

_____

_____

_____

_____

6. 우리 기도에 따라 하나님의 행동이 영향을 받을 수 있는가? 받을 수 있거나 그렇지 않다면, 그 이유는 무엇인가?

_____

_____

_____

_____

_____

7. 당신에게 특히 영향을 준 구절이 있다면 무엇인가?

_____

_____

_____

_____

_____

어깨를 딛고서는 독서

우리는 어떻게 기도해야 하는가?

기도는 투명한 대화다. 기도는 우리가 온 우주의 창조주이시자 우리 인생의 구주이신 하나님과 나누는 친밀한 대화다. 하나님은 우리와 시간을 보내는 일에 아주 관심이 많으시다. 기도는 우리 마음을 있는 그대로 쏟아낼 수 있는 가장 안전한 장소다. 우리는 그 시간에, 마치 우리의 허물까지 용납해주는 친한 벗에게 흉금을 털어놓듯이 모든 것을 털어놓을 수 있다.

아래 시는 우정에 관한 시이지만, 우리의 경험에 비추어볼 때 기도에도 들어맞는 시다.

오, 위로여.
편안한 사람과 함께할 때 느끼는 위로는
말로 표현할 수가 없지.
생각의 경중輕重을 따지지 않아도 되고,
말의 깊고 얕음을 생각하지 않아도 되지.
그저 있는 그대로 다 쏟아놓으면 되는 거야.
때로는 하찮은 말도, 때로는 알곡 같은 말이라도
어떤 말이든 상관없이 말할 수 있지.
우리에겐 확신이 있는 거야.
그 신실한 사람이 내 모든 말을 받아들여
걸러주리란 것을.
지킬 만한 가치가 있는 것은 지켜줄 테고,
그 나머지 것은 따스한 숨결로 날려보낼 거야.[1]

영적 성장을 향한 첫걸음 I

기도는 당신 자신을 있는 그대로 드러내는 일이다. 기도는 하나님을 당신 마음에 기꺼이 받아들이는 일이다. 리처드 포스터는 그의 명저『기도』를 이런 매력이 넘치는 초대글로 시작하고 있다.

하나님은 당신과 나을 본향으로 초대하십니다. 우리가 본디 어디에 속해 있으며 우리가 왜 지음을 받았는지 가슴 깊이 깨달으라고 우리를 그곳으로 부르십니다. 그분은 당신 팔을 넓게 펴서 우리를 맞아주십니다. 그분은 마음을 넓게 여시고 우리를 받아주십니다. 우리는 아주 오랫동안 멀고먼 나라에 가 있었습니다. 그 나라는 소음과 분주함과 군중들로 넘쳐나는 나라, 올라타고 밀어내며 서로 밀치는 나라, 좌절과 두려움과 협박으로 가득한 나라였습니다. 그러나 이제 하나님은 우리를 본향으로 반가이 맞아주십니다. 평온과 평강과 희락을, 우정과 동지애와 열린 마음을, 친밀함과 포용과 서로를 긍정하는 그곳으로 우리를 맞아주십니다.[2]

기도는 우리를 이미 당신의 사랑하는 자녀라 선언하시고 우리와 가까이 지내기를 원하시는 유일하신 주 하나님과 나누는 사귐이다. 그렇다면 우리는 기도할 때 무엇을 말해야 하는가? 친한 친구들과 나누는 대화에 이야깃거리가 있듯이, 우리도 우리 주님과 나눌 수 있는 이야기가 있다. 우리가 여기서 살펴볼 것은 기도의 주제에 관한 문제이자, 하나님과 우리가 나누는 대화의 구성 부분이다. 앞에서 말한 ACTS 즉 기도를 구성하는 네 가지 기본 요소인 경배, 고백, 감사, 간구를 살펴보도록 하겠다.

경배 Adoration

기도할 때 우리 마음에서 일어나는 첫 번째 움직임은 경배다. 경배와 감사를 구별하는 것이 도움이 된다. 경배는 하나님을 하나님으로 인정하는 것이지만, 감사는 하나님이 우리에게 행하신 일들로 말미암아 그분께 감사드리는 것이다. 오 할레스비는 이 뉘앙스를 이렇게 설명한다. "내가 감사를 드릴 때, 내 생각은 어느 정도 나를 중심으로 내 둘레를 맴돈다. 그러나 내가 찬송할 때에는, 내 영혼이 나를 잊어버리고 하나님을 경배하는 데 이르며, 하나님의 엄위와 능력과 은혜와 구속만을 바라보고 이를 찬송한다."3)

경배는 우리의 시선을 우리 자신에게서 들어올려 하나님의 경이와 아름다우심을 바라보게 한다. 성경의 예배서라 할 수 있는 시편은 그 찬송들 속에서 경배의 심정을 풍성하게 잘 보여주고 있다.

> 왕이신 나의 하나님이여
> 내가 주를 높이고 영원히 주의 이름을 송축하리이다
> 내가 날마다 주를 송축하며
> 영원히 주의 이름을 송축하리이다
> 여호와는 위대하시니 크게 찬양할 것이라
> 그의 위대하심을 측량하지 못하리로다
>
> 시 145:1~3

경배를 실천하는 한 가지 방법은 하나님의 속성 하나를 골라 그 속성을 생각할 때 당신의 마음속에 떠오르는 것들을 일기에 기록해보는 것이다. 예를 들면 이렇다: **하나님은 주권자이시다** – 이는 우주 안에 있는 조그만 입자 하나도 하나님의 통제를 받는다는 뜻이다. **하나님은 모든 것을 아신다** – 하나님은 당신 이마를 탁 치시며, "아이고 내 정신 좀 봐라, 내가 그걸 까마득히 잊고 있었구나"라고 말씀하실 일이 없는 분이시다. **하나님은 내재하신다** – 하나님은 마치 공기와 같은 생명의 숨이시다. 우리는 그 숨 안에 살고 그 안에서 움직이며 그 안에 존재한다.

하나님은 우리 정신과 마음을 당신 생각으로 가득 채우고 싶어하시는데, 이는 너무 이기적이시지 않은가? 만일 우리가 찬송을 단지 하나님께 아첨하는 것으로 여긴다면, 찬송이 갖는 일상성日常性을 간과한 것이다. 찬송할 때 즐거움도 동시에 넘쳐흐른다. 즐거운 영화를 보게 되면 동시에 '그 영화 참 재미있다'라는 칭송이 흘러나오지 않는가? 아내와

나는, 어느 화창한 주일 오후에 드라이브라도 나갈 때면 서로 "저것 좀 봐요"라고 끊임없이 이야기한다. 찬송은 기쁨의 표현이자 완성이다.

하나님은 왜 우리가 당신을 찬송하기를 원하시는가? 하나님이 찬송받을 만한 분이시기 때문이요, 우리가 찬송에서 얻는 것이 있기 때문이다. 하나님이 우리에게 주실 수 있는 가장 위대한 것은 무엇인가? 하나님을 더 많이 찬송해보라. "찬송은 당신 백성의 마음속에서 하나님 자신의 탁월함이 달콤하게 메아리치는 것이다."[4]

고백 Confession

우리 마음을 하나님의 영광으로 가득 채우며 예수님께서 우리에게 가르쳐주신 대로 "아버지의 이름이 거룩히 여김을 받으시오며"라고 기도할 때, 우리 마음은 자연스럽게 우리의 어두운 삶을 그분의 광채에 비춰보게 된다. 우리가 전에 살던 집은 벽이 '고풍스러운' 흰색으로 칠해져 있었다. 그 벽 옆을 순백색으로 칠할 때까지만 해도 내 눈에는 이 '고풍스러운' 흰색이 아름답게 보였다. 순백색을 보고 난 뒤에야 비로소 나는 이 '고풍스러운' 흰색에 얼마나 때가 묻어 있었는가를 알 수 있었다. 우리 삶을 하나님의 완벽하신 도덕에 비춰볼 때에, 우리는 비로소 우리 마음이 얼마나 오염되어 있는가를 깨닫기 시작한다.

희랍어에서 '고백하다'라는 말은 '무엇에 동의하다'라는 뜻이다. 우리가 하나님께 고백한다는 말은 하나님이 보신 것에 우리가 동의한다는 뜻이다. 고백을 우리가 하나님과 나누는 대화에 반드시 포함시킨다는 것은 하나님의 눈으로 바라본 우리 삶을 우리에게 보여주시도록 하나님께 길을 열어드리는 것이다. 우리는 "주님, 당신이 보시는 제 모습을 저도 보게 해주옵소서"라고 기도해야 한다.

고백은 우리가 하나님의 거룩한 법을 어겼으며, 우리에게는 하나님의 용서가 절박하게 필요하다는 점에 용감하고도 정직하게 동의하는 것이다. 다윗 왕은 밧세바와 간음하고 왕권을 남용하여 밧세바의 남편을 죽인 뒤에 거의 1년 동안을 하나님을 피해 다녔다. 그러다가 마침내 선지자 나단이 다윗의 간악함을 폭로하고 이렇게 말했다. "당신이 그 사람이라". ^{삼하 12:7} 그때, 비로소 다윗은 깨끗하게 되었다. 시편 51편에는 그의 참회기도가 기록되어 있다.

> 하나님이여 주의 인자를 따라 내게 은혜를 베푸시며
> 주의 많은 긍휼을 따라 내 죄악을 지워 주소서…
> 무릇 나는 내 죄과를 아오니
> 내 죄가 항상 내 앞에 있나이다
> 내가 주께만 범죄하여 주의 목전에 악을 행하였사오니
> 주께서 말씀하실 때에 의로우시다 하고
> 주께서 심판하실 때에 순전하시다 하리이다
> ^{시 51:1, 3, 4}

고백이라는 개념은 혼란스러운 문제를 떠올리게 한다. 사탄의 정죄와 하나님이 내리시는 유죄 판결을 어떻게 구별해야 할까? 우리는 우리에게 한 원수가 있다는 사실을 자주 잊어버린다. 이 원수는 "우리 형제를 참소하는 자"요, 우리가 우리 죄에 파묻혀 빠져나오지 못하기를 바라는 자다. 이 원수에게는 써먹을 수 있는 공격 수단이 아주 많다. 그의 목표는 우리를 낙심케 하여 우리가 그리스도와 더 나은 관계를 맺지 못하도록 막는 것이다. 이때 이 원수는 어쩌면 이런 소리를 지껄일지도 모른다. "너는 네 스스로 그리스도인입네 하고 행세한다만, 실은 변한 게 없어. 네가 그리스도인이라니, 너 지금 누굴 놀리는 거냐?" 이런 소리를 듣는 순간, 우리는 자신이 하나님의 자녀가 될 자격이 없다는 결론을 내리기 시작한다. 그러나 이 어마어마한 낙심은 하나님에게서 온 것이 아니다. 우리를 패전으로 몰고 가려는 원수의 술책일 뿐이다.

그러나 우리 죄를 지적하시는 하나님의 영은 날카롭고, 적확^{的確}하며, 우리의 폐부를 찌른다. 성령의 탐조등은 우리 죄를 낱낱이 드러내신다. 이때, 우리는 우리 마음을 요구하시는 하나님을 떠나 그분과 맺은 관계에 손상을 입혔음을 알고 경건한 슬픔과 비통에 잠기게 된다.

그럴 때 행위의 변화를 의미하는 참회로 나아가게 된다. 그리고 마침내, 그리고 즉시, 주 하나님은 우리 영을 정결케 하신다. 이를 통해 우리 영혼은 첫 봄비가 내린 뒤에 맛보는 상쾌한 공기처럼 신선하고 새로워지는 느낌을 맛보게 된다.

사탄은 우리를 이름도 모르는 죄책감에 시달리게 하지만, 하나님의 유죄 선고는 적확하여 우리를 회복으로 이끄는 데 그 목적이 있다. 우리를 폄하하는 말들과 비방들은 하나님으로부터 나오는 게 아니라, 과민한 양심에서 나오거나 우리가 자신에 관한 거짓말을 믿기를 바라는 원수에게서 나온 것이다. 그리스도 예수 안에 있는 사람들에게는 결코 정죄함이 없다.

감사 Thanksgiving

하나님은 우리에게 구원을 베푸셔서 우리 죄에 따른 책임과 저주를 면제해 주셨다. 우리가 진실로 이 구원을 이해할 때에, 우리는 그리스도인의 삶에 근본 동기가 감사임을 깨달을 것이다. 바울은 성령 충만을 보여주는 표지 가운데 하나가 "범사에 우리 주 예수 그리스도의 이름으로 항상 아버지 하나님께 감사하는 것"_{엡 5:20}이라고 말한다.

한 노인이 새우가 든 양동이를 들고 혼자 플로리다 해안을 걷고 있다. 그가 부두 끝에 이르자, 곧 춤을 추는 점들이 하늘을 가득 채운다. 저녁녘의 고요함은 사라지고 끼룩끼룩 울어대는 새소리가 요란하다. 30분 동안 그 사람은 양동이가 다 빌 때까지 새들에 둘러싸인 채 서 있다. 그러나 먹이가 다 떨어진 뒤에도 갈매기들은 그 사람의 모자에 달라붙어 떠나지 않는다. 이렇게 매주 갈매기들에게 먹이를 주는 것이 그 사람이 감사를 드리는 방법이었다.

이 사람은 에디 라이큰바커Eddie Rickenbacker다. 그는 1942년 10월, B~17 폭격기를 몰고 더글러스 맥아더Douglas MacArthur 장군에게 메시지를 전하는 임무를 수행하다가 태평양에 추락하고 말았다. 승무원 8명 전원이 구명보트에 올라탔다. 8일이 지나자 모든 식량이 바닥났다. 더 이상 아무런 대책이 없었다. 쇠약해질 대로 쇠약해진 이들은 오후에

짧은 예배를 드린 다음 쉬려고 하였다. 모자로 눈을 가린 채 졸고 있던 라이큰바커는 뭔가가 자신의 머리에 내려앉는 것을 느꼈다. 바다 갈매 기였다. 그 갈매기는 그들의 식량이 되었다. 승무원들은 모두 살아남 았다. 하나님은 수백 마일이나 떨어진 해안에서 갈매기를 보내 그들을 구원해 주셨다. 그 후로 라이큰바커는 감사를 드리는 것을 결코 잊지 않았다.

우리는 하나님이 우리에게 행하신 좋은 일들을 아주 쉽게 잊어버리 고, 감사하는 마음 역시 아주 쉽게 잊어버린다. 감사는 기억을 늘 새롭 게 가꾸어준다. 감사는 기도하는 심정으로 우리 삶에 베풀어주신 선을 일일이 세어보는 것이기도 하다.

간구 Supplication

간구는 집중하여 진지하게 그리고 끈덕지게 기도하되, 계속하여 간청 하는 것을 의미한다. 예수님은 기도를 말씀하는 대목에서 이렇게 말씀 하신다. "구하라 그러면 너희에게 주실 것이요 찾으라 그러면 찾아낼 것이요 문을 두드리라 그러면 너희에게 열릴 것이니".눅 11:9 간구는 남 을 위한 기도인 중보intercession, 어떤 신학자들은 예수님만이 유일한 중보자이시기 때문 에 인간이 중보 하는 기도를 대도代禱라고 표현하기도 한다.-편주와 우리 자신을 위한 기도로 나뉜다.

중보는 두 당사자 사이에 서서 한 편의 입장을 다른 편에게 전달하 는 것이다. 이 경우, 기도하는 사람은 하나님과 다른 사람 사이에 서 서, 그 다른 사람을 대신하여 하나님께 간구한다. 중보는 어쩌면 가장 이타적인 사랑의 표현일지도 모른다. 하나님께 복을 받는 사람은 정작 누가 자신을 위해 기도했는지 전혀 알지 못하기 때문이다. 하나님은 우리에게 기도를 통하여 다른 사람들을 하나님이 계신 곳으로 인도해 들일 수 있는 위대한 특권을 주셨다. 이는 마치 중풍병자인 친구를 예 수님이 계신 곳으로 메어왔던 네 사람의 경우막 2:1~12와 같은 것이다.

그렇다면 우리는 중보할 때 어떻게 기도해야 하는가? 우리가 기도 하는 내용과 바울의 중보가 실린 에베소서 1장 16~19절, 3장 16~19절

그리고 골로새서 1장 9~12절을 비교해 볼 수 있다. 우리는 대개 병의 치유, 직장 문제나 금전 문제와 같은 물질적 필요에 초점을 맞춘다. 그러나 바울은 우리가 하나님을 충분히 알게 됨으로써 하나님의 뜻을 아는 지식이 우리 삶을 가득 채우기를, 그리고 하나님의 사랑이 우리를 둘러싸고 그 사랑에 푹 잠기게 되기를 열망할 뿐이다.

우리가 제대로 간구하지 못한다는 말은 우리가 예수님을 잘 알지 못한다는 말이다. 예수님은 우물가에서 사마리아 여인에게 이런 말씀을 하셨다. "네가 만일 하나님의 선물과 또 네게 물 좀 달라 하는 이가 누구인 줄 알았더라면 네가 그에게 구하였을 것이요 그가 생수를 네게 주었으리라". 요 4:10 기도하지 않는 그리스도인은 자기 버스에 수퍼맨이 타고 있는 줄도 모르고 진창에 빠진 버스를 혼자 힘으로 밀어내려고 애쓰는 버스 운전사와 같다고 존 파이퍼가 말했다. 만일 수퍼맨이 타고 있는 줄 알았다면, 우리는 수퍼맨에게 버스를 끄집어내 달라고 요청했을 것이다.5)

여기서 다시 출발점으로 돌아가보자. 기도는 아버지의 마음으로 초대하는 것이다. 예수님은 사악한 아버지도 자기 자녀에게 좋은 선물을 준다고 말씀하신다. 물고기를 달라 하는 아들에게 전갈을 주는 아비가 어디 있겠느냐고 예수님은 물으신다. "하물며 너희 하늘 아버지께서 구하는 자에게 성령을 주시지 않겠느냐". 눅 11:13 기도에는 특별한 종교적 언어가 필요치 않다. 우리는 우리를 있는 그대로 받아주시는 그분을 알고 그분과 진솔한 대화를 나누도록 초대받았다. 하나님과 나누는 대화가 경배와 고백과 감사와 간구로 가득한 대화가 되게 하라.

■ 생각해볼 문제들

1. 경배는 무엇인가?

_____

_____

_____

2. 하나님은 왜 예배를 받으실 만한 분인가?

_____

_____

_____

3. 고백은 무엇인가? 고백은 왜 경배 다음에 나오는가?

_____

_____

_____

_____

_____

_____

_____

_____

4. 감사와 기념(기억) 사이에는 어떤 관계가 있는가?

_____

_____

_____

5. 성경은 중보를 무엇이라고 정의하는가? 이것은 우리가 종종 서로 상대를 위하여 기도하는 것과 어떤 차이점을 갖고 있는가?

_____

_____

_____

_____

_____

6. 기도는 왜 그렇게 어려운가?

_____

_____

_____

_____

_____

7. '어깨를 딛고서는 독서'가 당신에게 확신이나 도전이나 위로를 주었는가? 그 이유는 무엇인가?

_____

_____

_____

_____

_____

6 예배

[
심비에 새기는 말씀 요한계시록 4:11
자유케 하는 진리의 말씀 요한계시록 4~5장
어깨를 딛고서는 독서 거룩함이 주는 충격을 어떻게 다룰까
]

 핵심 진리

어떤 행위가 교회의 으뜸가는 목적인가?

교회의 기능은 가르침, 교제, 구제 활동 그리고 예배와 같이 다양하게 이야기되어 왔다(행 2:42~47을 보라). 이 중요한 기능들 가운데, 예배를 통하여 하나님을 영화롭게 하는 것이 교회의 으뜸가는 목적이다. 예배야말로 우리에게 주어진 영원한 소명이기 때문이다.

위에서 제시한 질문과 대답의 핵심 문구를 확인해보라. 그리고 그 의미를 당신 자신의 말로 이야기해보라.

심비에 새기는 말씀

요한계시록 4장은 우리를 하나님의 보좌가 있는 방으로 안내한다. 하나님의 보좌는 영광과 아름다움으로 빛나고, 계속하여 하나님을 찬송하면서 "거룩하다 거룩하다 거룩하다 주 하나님 곧 전능하신 이여"(8절)라고 말하는 생물들로 둘러싸여 있다.

1. 요한계시록 4장 1절부터 살펴보면서 하늘에서 펼쳐지는 이 예배에 등장하는 요소들을 말해보라.

_____

_____

_____

_____

_____

_____

2. 오늘 우리가 심비에 새길 말씀은 요한계시록 4장 11절이다. 이 구절들을 소리 내어 암송해보라.

_____

_____

_____

_____

3. 왜 하나님이 영광과 존귀와 권능을 받으시는 것이 합당한가?

_____

_____

_____

_____

4. 하나님이 합당하시다는 것은 무슨 뜻인가?

_____

_____

_____

_____

_____

5. 하나님이 영광과 존귀와 권능을 '받으신다'는 것은 무슨 뜻인가?

_____

_____

_____

_____

_____

6. 우리가 하나님을 예배할 때 우리에게는 어떤 유익이 있다고 생
각하는가?

_____

_____

_____

_____

_____

7. 이번 주에 이 구절이 당신에게 무엇을 말씀해주었는가?

_____

_____

_____

_____

자유케 하는 진리의 말씀

요한계시록 4~5장은 하나님의 보좌 주위에서 벌어지고 있는 행위들을 보여주는 창이다. 우리는 이 창을 통하여 우리에게 주어진 영원한 소명을 어렴풋이나마 엿볼 수 있다.

1. 요한계시록 4~5장을 읽으라. 하나님의 보좌 주위에서 펼쳐지는 천상의 광경(4:1~11)을 본 소감을 적어보라.

---

2. 본문은 하나님의 특질로 어떤 것들을 제시하는가(6, 7, 10~11절)?

---

3. 5장은 예수님을 묘사하는 데 어떤 이미지들을 사용하고 있는가(5~6절)?

5장을 보면, 예수님의 이미지가 "유다 지파의 사자"(5절)에서 "일찍이 죽임을 당한 것처럼 보이는 어린 양"(6절)으로 급작스

럽게 바뀐다. 당신은 이런 급작스러운 이미지 전환을 보며 어떤 인상을 받는가?

_____

_____

_____

_____

4. 예수님께서 두루마리 인봉을 떼시기에 합당한 분으로 여김을 받는 이유는 무엇인가(5:9~10, 12)?

_____

_____

_____

_____

5. 요한계시록 4~5장이 하나님을 예배하는 것에 관하여 우리에게 가르치는 것은 무엇인가?

_____

_____

_____

_____

_____

_____

6. 당신에게 특히 영향을 준 구절이 있다면 무엇인가?

_____

_____

_____

거룩함이 주는 충격을 어떻게 다룰까

[살아계신 하나님을 향한 진정한 예배의 핵심 – 대럴 존슨Darrell Johnson]

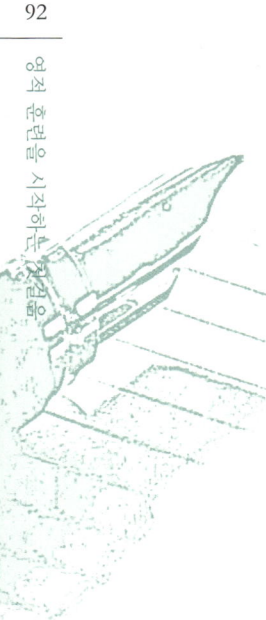

교회는 보살피는 공동체이자 섬기고 연구하며 기도하고 치유하는 공동체이다. 그렇다면 교회의 근본 목적은 무엇인가? 만일 "사람의 첫 번째 목적은 하나님을 영화롭게 하고 그분을 영원토록 즐거워하는 것" 웨스트민스터 소요리 문답이 참이라면, 교회는 본디 예배하는 공동체라고 보아야 한다.

웃시야 왕이 죽던 해에 이사야가 체험한 일을 보면서 우리는 진정한 예배가 무엇인지를 깨닫게 된다. 하나님께 산 예배를 드리려면 두 가지 요소가 필요하다. 하나님의 임재와 이렇게 임재하시는 하나님이 그것이다. 하나님의 임재하심을 알고 그분이 누구이신지를 깨닫는 것이 의미 있는 예배를 만들어낸다. 다시 말해 하나님께 드리는 진정한 예배는, 하나님이 이 예배의 자리에 계시며 그분이 누구이신지를 우리가 이해하고 있을 때에 비로소 이루어진다. 우리 예배가 생명력을 갖느냐, 우리와 연관성을 갖느냐는 우리가 하나님을 어떻게 보느냐와 직접 연결되어 있다.

우리가 하나님께 드리는 예배의 깊이와 진정성은 우리가 생각하는 하나님 개념 곧, 우리가 하나님을 누구라고 생각하느냐에 따라 저절로 결정된다. 듣고 보니 아주 간단해 보인다. 그렇지 않은가? 우리에게 필요한 것이라곤 지금 여기에 우리와 함께 계시는 하나님에 관하여 바른 생각을 갖는 것뿐이니 말이다. 하지만, "영혼 속에 있는 두 법"이 하나님을 진정 있는 그대로 아는 것을 방해한다.

우리는 하나님을 우리와 같은 분이라고 생각한다

첫째, 우리는 우리 멋대로 '하나님은 이런 분'이라고 생각하는 경향이 있다. 우리는 그저 우리가 소망하는 하나님의 모습을 그려놓고 이를 하나님이라고 여기는 경우가 아주 많다. 우리는 하나님을 우리 자신의 형상대로 만들어내곤 한다.

여러 해 전에 스펜서 마쉬는 유쾌한 책을 하나 집필하였다. 그 책에는 『하나님, 사람 그리고 아치 벙커』*God, Man and Archie Bunker*라는 제목이 붙어 있었다.[1] 저자는 아치 벙커가 하나님을 백인우월주의자요 인종차별주의자인 자신과 아주 흡사한 행동을 하고 아주 흡사한 느낌을 갖는 분으로 여기는 모습을 그려내고 있다. 마쉬는 이런 모습을 아주 잘 보여주는 예 하나를 자세히 이야기한다. 한번은 아치의 이웃인 흑인 조지 제퍼슨George Jefferson이 아치 집에서 저녁 식사를 함께하게 되었다. 이때 아치가 조지에게 묻는다.

아치: "당신은 무신론자이세요?"

조지: "아니오, 저는 하나님을 믿습니다."

아치: "그거 다행이네요… 그런데 흥미로운 일이기도 하네요. 저는 흑인들이 뱀과 구슬과 나무로 만든 우상을 섬기다가 우리 하나님을 섬기는 이들로 올라섰다는 게 신기합니다."

조지: "우리 하나님이라니, 그게 무슨 말입니까? 당신 하나님이 따로 있습니까?"

아치: "있잖아요, 하나님은 백인의 하나님이시잖아요, 안 그래요?"

조지: "하나님이 백인의 하나님이시란 법이 있나요? 왜 당신은 하나님이 흑인이 아닐 거라고 생각하세요?"

아치: "하나님은 사람을 당신의 형상으로 만드셨다잖아요. 그리고 당신도 아시다시피 저는 흑인이 아니잖아요."

조지: "글쎄요, 그 점은 제게 불평하지 마십시오."

아치: "당신도 하나님을 그린 그림들을 보셨잖아요, 안 그래요? 그 이탈리아 예술가가 로마에 있는 건물 천장에 하나님을 그려놓

앉잖아요, 기억나시죠?"

조지: "그러니까 당신 말씀은 백인 예술가가 하나님을 그려놓았다
　　　이 말이군요."

아치: "제가 지금까지 그림에서 본 하나님은 다 백인이셨어요."

조지: "아마 당신은 음화陰畫, 흑백이 실제와 반대로 나타나는 그림들을 보고
　　　계셨나 보군요."

모든 사람이 아치와 똑같은 경향을 갖고 있다. 즉, 하나님을 자기
마음 내키는 대로 생각하는 것이다.

그러나 다행스럽게도, 하나님은 우리가 당신의 참 모습을 알기 원
하신다. 그런 바람 때문에 하나님은 당신 자신을 우리에게 계시하셨
다. 창조 때에, 이스라엘의 삶과 역사 속에서, 그리고 성경에서 당신을
계시하셨고, 예수 그리스도 안에서 가장 완벽하게 당신을 우리에게 보
여주셨다. 하지만 이 때문에 우리 마음에는 또 다른 경향이 생겨난다.
그건 바로 하나님이 자신을 우리에게 계시해 주시는데도 우리는 이 계
시를 자주 묵살한다는 것이다.

우리는 하나님 보기를 거부한다

하나님이 당신의 참 모습을 계시하실 때, 우리는 그 보이는 것을 무시
하거나 묵살한다. 우리가 이렇게 하는 것은 하나님이 보여주시는 하나
님 자신의 모습 때문이다. 우리가 발견하는 그분의 모습은 너무나 많
아서 감당할 수가 없을 정도다. 히브리서 기자는 이렇게 말한다. "살
아계신 하나님의 손에 빠져 들어가는 것이 무서울진저".히 10:31 이사야
도 이런 경험을 했다. 이사야는 하나님을 대면하여 그분의 본체를 보
았다. 그는 뼈까지 떨며 이렇게 외쳤다. "화로다 나여 망하게 되었도
다".사 6:5

하나님은 성경 전체에 걸쳐 당신의 성품을 다양한 차원으로 보여주
신다. 우리는 이 성품들을 하나님의 속성이라고 부른다. A. W. 토저는
하나님의 속성을 "어떤 식으로든 하나님이 계시해주신 당신 자신의 참

모습"[2]이라고 정의한다. 성경은 하나님의 속성을 많이 이야기한다. 하나님은 스스로 계시고 자족하시며, 영원하시고 지혜로우시며, 초월자이시고 신실하시며, 선하시고 의로우시고, 자비로우시고 은혜로우시며, 사랑이시고 만유의 주재이시다. 그분의 속성 가운데 일부만 열거하였는데도 이렇게 많다. 그러나 하나님의 속성 가운데 기초이자 근간이며 모든 것을 포괄하는 속성으로 계시하신 것이 있으니, 그것이 바로 하나님의 거룩하심이다. 거룩함은 하나님의 본질 그 자체다.

웃시야 왕이 죽던 해에 내가 본즉 주께서 높이 들린 보좌에 앉으셨는데 그의 옷자락은 성전에 가득하였고 스랍들이 모시고 섰는데 각기 여섯 날개가 있어 그 둘로는 자기의 얼굴을 가리었고 그 둘로는 자기의 발을 가리었고 그 둘로는 날며 서로 불러 이르되 거룩하다 거룩하다 거룩하다 만군의 여호와여 그의 영광이 온 땅에 충만하도다 하더라 사 6:1~3

천사들로 이루어진 찬양대와 성도들의 목소리는 처음부터 끝까지 줄기차게 이 노래를 부른다. 이 노래는 "사랑, 사랑, 사랑"도 아니고, "자비, 자비, 자비"도 아니며, "진리, 진리, 진리"도 아니다. 이 노래는 "거룩하다 거룩하다 거룩하다 주 하나님 곧 전능하신 이여 전에도 계셨고 이제도 계시고 장차 오실 이시라"계 4:8이다.

이사야가 보여주듯이, 살아계신 하나님이 그 거룩하심 가운데 계신 모습을 뵙는 것은 엄청나게 놀라운 경험이다. 거룩하신 하나님은 인간에게 무시무시한 위협이다. 우리는 그 거룩함에 큰 충격을 받은 채로 그 위협에 대처하든지 아니면 그 위협을 무시하거나 묵살한다. 불행하게도 사람들은 대부분 그 위협을 무시하거나 묵살한다. 우리 영혼은 그런 식으로 그 충격에 대처한다. 때문에 우리는 하나님을 올바로 알지 못한 채 살아간다. 심리학에 비춰봐도 그렇게 충격적인 진리를 부둥켜안고 살아가기보다 거짓을 붙들고 살아가는 것이 훨씬 더 속 편하다. 칼 바르트Karl Barth는 언젠가, 종교는 인간이 하나님을 추구한 결과

가 아니라 하나님의 거룩하심이 불러온 충격을 인간이 억누른 산물이
라고 말했다. 아담은 하나님을 피해 숨었다. 그 뒤로 사람들은 계속해
서 아담과 같은 일을 하고 있다.

하나님의 거룩하심이 왜 그토록 엄청난 충격을 주는가? 그 답은 '거
룩하다'라는 말의 의미에 담겨있다. 이 말은 두 가지 기본적 의미를 함
축하고 있다. 첫째는 분리다. 이는 다른 것과 철저히 구별됨을 뜻한다.
둘째는 정결이다. 이는 절대 완전하다는 뜻이다. 첫째 의미는 우리의
자율 내지 우리 자신이 스스로 주인 노릇을 하는 데 위협이 된다. 둘째
의미는 우리의 도덕적 고결함에 위협이 된다. 이 위협들을 각각 더 잘
이해하려면, 이사야 선지자가 이 위협들에 어떤 반응을 보였는지 살펴
보면 된다.

하나님의 거룩하심 앞에서 나 자신이 주인이 되는 법은 무너진다
'거룩하다'라는 말의 뿌리는 "구별하다"라는 뜻을 지닌 말과 연계되어
있다. 따라서 '거룩하다'라는 말은 보통 것과 완전히 구별되는 독특한
것을 의미한다. 하나님이 당신을 거룩하신 분으로 계시하신다는 말은
당신이 완전한 타자他者이심을 말씀하는 것이다. 하나님은 다른 모든
것과 철저히 그리고 완전하게 구별되는 타자이시다. 이사야는 하나님
이 "높이 들린 보좌에 앉아계신다"사 6:1고 말한다. 에밀 브루너는 이를
잘 설명해놓았다.

거룩함은 하나님의 본성이다. 이 본성 때문에 하나님은 다른 모든
것과 구별되신다. 거룩함은 하나님이 다른 것들과 공유하는 것이 아니
다. 오히려, 거룩함은 하나님을 다른 모든 것과 분명하고도 철저하게
구별해주는 것이다.[3]

예수 그리스도를 통하여 우리는 하나님이 인격체이시고 우리의 친
구이시며, 우리를 보살펴주시고 우리를 내려다보신다는 것을 발견한
다. 그러나 우리는 그분의 본질적 특질을 결코 간과해서는 안 된다. 오

직 그분만이 하나님이심을 잊어서는 안 된다는 말이다. 그분과 우리 사이에는 무한한 간극間隙이 있다.

이사야가 하나님께 보인 첫 반응이 공포였음에 주목하라. "화로다! 나여 망하게 되었도다. 나는 입술이 부정한 사람이요".사 6:5 그저 한 인간에 불과한 이사야가 다름 아닌 하나님이 계신 곳에 들어섰으니 그 두려움이 오죽하였을까! 그는 뼈까지 떤다. 하박국도 마찬가지였다. "내가 들었으므로 내 창자가 흔들렸고 그 목소리로 말미암아 내 입술이 떨렸도다 무리가 우리를 치러 올라오는 환난 날을 내가 기다리므로 썩이는 것이 내 뼈에 들어왔으며 내 몸은 내 처소에서 떨리도다".합 3:16 거룩하신 하나님의 임재 안에서 인간은 다만 우리와 하나님 사이에 가로놓인 간극만을 느낄 수 있을 뿐이다.

거룩하고 살아계신 하나님을 만나는 순간, 자율이라는 신화, 인간이 최종 권위자라는 신화, 우리 인간이 자신의 주인이라는 생각이 산산조각 나고 만다. 하나님의 임재 안에 들어서면 우리는 먼지이자 재일 뿐이다. 우리가 숨을 쉬는 것도 하나님이 은혜로 베푸신 선물이다. 거룩하신 창조주 앞에 겸손히 엎드리길 거부하는 사람은 하나님에 관한 진리를 묵살하는 사람이다.롬 1:18~23

부정(不淨)을 용납하지 않는 정결함

'거룩하다'라는 말에는 또 다른 의미가 있다. 거룩함은 그 본질상 죄를 불살라버릴 수밖에 없다.

따라서 하나님이 당신 자신을 보여주셨을 때 이사야가 보인 반응도 당연한 것이다. 이사야는 "화로다! 나여 망하게 되었도다. 나는 입술이 부정한 사람이요"사 6:5라고 말한다. 이때, 그는 자신의 입술에서 나오는 모든 것이 자신의 마음속 깊은 곳에 자리 잡은 것 곧 죄를 표현한 것임을 고백한 것이다. 정결케 하는 불 앞에 서자, 이사야는 벌벌 떤다. 거룩함의 불꽃 안으로 들어선 이상, 자신은 죽어야 마땅한 존재임을 알고 있었기 때문이다.

우리는 이런 하나님의 속성을 무시한다. 우리는 우리가 선한 사람이라고 느끼고 싶은데, 그토록 철저한 정결함을 마주하게 되면 우리가 훌륭한 도덕군자라는 주장은 얼토당토않은 말이 되어버리기 때문이다. 우리는 자기 죄를 하나님께 모조리 자백하든지 아니면 우리가 생각하는 하나님 개념을 바꿔 우리가 느끼는 수치심을 제거하든지, 둘 중에 하나를 택해야만 한다. 우리는 도덕적으로 중립을 견지하면서 우리가 무슨 일을 해도 전혀 괘념치 않는 하나님을 만들어낸다.

여기서 하나님이 이사야에게 이사야가 저지른 죄를 놓고 단 한 마디도 하시지 않았다는 점에 주목하라. 그러나 거룩함은 그 본질상 부정함을 드러나게 하고 만다. 진정한 예배에서는 늘 두 가지가 드러나게 되어 있다. 온전한 타자이신 하나님을 향한 두려움과 절대 정결이신 하나님 앞에서 드러나는 부끄러움이 그것이다.

그러나 이게 이야기의 전부가 아니라는 점이 다행스럽다.

하나님의 거룩하심이 지닌 역설

이사야는 하나님을 대면한 순간, 공포에 사로잡혔다. 그러면서도 그는 하나님이 계신 그곳에 머물고 싶어했다. 그는 "화로다!"라고 소리치면서도 도망가지 않았다. 어쩌면 그는 자신이 도망치려 해도 하나님으로부터 도망칠 수 없다는 것을 알고 있었는지도 모른다. 아니면 하나님의 거룩하심 안에 뭔가 거부할 수 없는 것이 있었는지도 모른다.

거룩하신 하나님은 우리가 공포와 수치에 사로잡혀있을 때에도 우리를 당신에게 끌어당기신다. 우리는 사실 하나님을 위하여 창조된 존재가 아닌가? 물론, 우리는 하나님의 거룩하심 앞에서 우리 실존 곧, 우리가 자부하는 미덕과 지혜와 의는 위협을 느낀다. 또 우리는 우리 죄 때문에 하나님이 우리를 멸하실 수도 있다는 것을 안다. 그런데도 우리에게는 여전히 하나님이 필요하다. 그분은 우리가 평생 갈망해온 분이기 때문이다.

이사야와 마찬가지로 우리 역시 위험한 긴장에 사로잡혀있다. 이사야는 자신이 인간이자 죄인으로서 아무것도 아님을 깨닫는다. 그러나 그는 천사들과 더불어 "거룩하다, 거룩하다, 거룩하다"라고 찬송하고

싫어한다. 그러나 그가 어떻게 그런 찬송을 할 수 있겠는가? 어떻게 죄인인 그가 거룩하신 하나님 앞에 머물러 있을 수 있겠는가? 우리는 이사야가 쓴 이 말 속에서 하나님의 중심을 깨닫는다.

> 그때에 그 스랍 중의 하나가 부젓가락으로 제단에서 집은 바 핀 숯을 손에 가지고 내게로 날아와서 그것을 내 입술에 대며 이르되 보라 이것이 네 입에 닿았으니 네 악이 제하여졌고 네 죄가 사하여졌느니라 하더라 사 6:6~7

그 긴장을 은혜가 해결한다. 이사야의 고민동시에 우리의 고민을 해결해 준 것은 속죄다. "그러나 여기서 속죄는 인간이 드리는 희생 제사를 통해 이루어지지 않는다. 속죄는 하나님으로부터 나온다. 하나님이 몸소 숯으로 스랍을 통하여 속죄를 이루신다."4) 이것은 예수 그리스도의 십자가를 미리 보여주는 아름다운 예표. 십자가 위에서 하나님이 몸소 죄를 최종 해결하신다. 우리는 두렵기 이를 데 없는 하나님의 거룩하심을 피해 예수 그리스도의 상처 속으로 피할 수 있다. 이 상처는 우리 입술을 어루만질 뿐만 아니라 우리의 존재 자체를 용서하고 정결케 해 주신다.

하나님의 거룩함과 하나님의 사랑은 서로 모순 되지 않는다. 하나님의 사랑 때문에, 하나님은 당신을 우리에게 알리고 싶어하시고, 우리가 그분의 임재 안에 머물 수 있는 것이다. 우리는 하나님의 거룩하심이라는 맥락 속에서 하나님의 사랑이 얼마나 깊은지도 깨닫는다. 하나님의 본질 자체는 우리 죄를 혐오하지만, 그래도 하나님은 우리에게 당신과 사귐을 가질 수 있게 하신다. 이런 사귐을 허락받은 우리는 우주에서 가장 큰 특권을 부여받은 셈이다. 예수 그리스도 때문에, 예수 그리스도 안에서 우리는 감히 거룩하신 온 우주의 창조주에게 다가가 그분에게 "아빠 아버지"라고 부를 수 있게 되었다.

우리 예배의 생명력과 깊이는 우리가 생각하는 하나님 모습과 직결되어 있다. 우리가 진정 하나님을 있는 그대로 안다면 우리 예배에서는 세 가지 특징이 나타날 것이다. 완전한 타자이신 하나님 앞에 선 두려움, 절대 정결이신 하나님 앞에서 드러나는 우리의 수치, 그런 우리에게 자비를 베푸시는 하나님께 올리는 기쁨의 감사가 그것이다. 우리가 오직 그분만이 하나님이심을 알 때, 우리는 두려운 마음으로 그분 앞에 엎드린다. 오직 하나님만이 완전하신 분임을 알 때, 우리는 부끄러움에 못 이겨 그분 앞에 엎드린다. 그러나 또 이 거룩하신 하나님이 당신의 독생자를 내어주시면서까지 우리와 사귐을 갖고 싶어하신다는 것을 알 때, 우리는 감사함으로 그분 앞에 엎드리며 그분의 거룩하심이 지닌 경이와 그분의 놀라우신 은혜가 지닌 영광을 찬송하고 찬미한다.

■ 생각해볼 문제들

1. 우리가 하나님의 모습을 어떻게 생각하느냐 하는 것이 우리가 하나님께 드리는 예배를 좌우하는 중요한 요소가 되는 이유는 무엇인가?

_____

_____

_____

_____

2. 하나님의 참 모습을 알지 못하도록 우리를 방해하는 "영혼의 두 법"은 무엇인가?

_____

_____

_____

3. 우리는 왜 하나님이 자신에 관하여 알려주시는 계시를 묵살하곤 하는가?

_____

_____

_____

_____

_____

4. '거룩하다'라는 말이 갖는 두 가지 의미는 무엇인가?

_____

_____

_____

그 두 가지 의미는 죄로 가득한 우리를 어떻게 위협하는가?

_____

_____

_____

_____

_____

_____

5. 하나님은 당신의 거룩하심과 우리 사이에 놓인 간극을 극복하고자 어떤 일을 행하시는가?

_____

_____

_____

_____

6. 당신이 하나님께 더 온전한 예배를 드리려면, 하나님에 관한
당신 자신의 견해를 어떻게 바꾸어야 한다고 보는가?

7. '어깨를 딛고서는 독서'가 당신에게 확신이나 도전이나 위로를
주었는가? 그 이유는 무엇인가?

부록

1과 제자 삼기

1) A. B. 브루스, 『열두 제자 훈련』(생명의말씀사, 1997).

  A. B. Bruce, *The Training of the Twelve*(Grand Rapids: Kregel, 1971), p. 13.

2) 유진 피터슨, 『자유』(한국기독학생회출판부, 2007).

  Eugene Peterson, *Traveling Light*(Downers Grove, Ill.: InterVarsity Press, 1982), p. 182.

3) 로버트 콜먼, 『주님의 전도계획』(생명의말씀사, 2007).

  Robert E. Coleman, *The Master Plan of Evangelism*(Old Tappan, N.J.: Revell, 1964), p. 21.

4) 같은 책, p. 37.

5) 키스 필립스, 『제자양육론』(솔로몬, 1996).

  Keith Phillips, *The Making of a Disciple*(Old Tappan, N.J.: Revell, 1981), p. 23.

2과 제자 되기

1) 스캇 펙, 『아직도 가야 할 길』(열음사, 2007).

  M. Scott Peck, *The Road Less Traveled*(New York: Simon & Schuster, 1978), p. 15.

2) 윌리엄 바클레이, 『마가복음』(기독교문사, 2009).

  William Barclay, *The Gospel of Mark*(Philadelphia: Westminster Press, 1954), p. 201.

3) F. F. 브루스, 『예수의 난해한 말씀들』(요단출판사, 1986).

  F. F. Bruce, *The Hard Sayings of Jesus*(Downers Grove, Ill.: InterVarsity Press, 1983), p. 151.

4) Bill Lane, *The Gospel According to Mark*(Grand Rapids: Eerdmans, 1974), p. 307.

5) 같은 책, p. 207.

6) 브루스, 앞의 책, p. 150.

3과 경건의 시간(Q.T.)

1) *Lord of the Universe, Lord of My Life* (Downers Grove, Ill.: InterVarsity Press, 1973), pp. 7~12.

5과 기도

1) Dinah Maria Mulock Craik, "Friendship."

2) 리처드 포스터, 『기도』(두란노, 2000).

  Richard Foster, *Prayer: Finding the Hearts' True Home*(San Francisco: HarperSanFrancisco, 1992), p. 1.

3) 오 할레스비, 『기도』(생명의말씀사, 1991).

  Ole Hallesby, *Prayer* (Minneapolis: Augsburg, 1959), p. 141.

4) 존 파이퍼, 『여호와를 기뻐하라』(생명의말씀사, 2005).

  John Piper, *Desiring God*(Portland, Ore.: Multnomah Press, 1986), p. 41.

5) 같은 책, p. 133.

6과 예배

1) Spencer Marsh, *God, Man and Archie Bunker*(New York: Harper & Row, 1975).

2) 에이든 토저, 『하나님을 바로 알자』(생명의말씀사, 2008).

  A. W. Tozer, *Knowledge of the Holy*(San Francisco: HarperSanFrancisco, 1961), p. 20.

3) Emil Brunner, *The Christian Doctrine of God*(Philadelphia: Westminster Press, n.d.), p. 58.

4) Otto Procksch, "αγιος," in *Theological Dictionary of the New Testament*, ed. Gerhard Kittel and Gerhard Friedrich, 10 vols.(Grand Rapids: Eerdmans, 1964~1976), 1:93.

심비에 새기는 말씀

권	과	제목	성구
I권 영적 훈련을 시작하는 첫걸음	1	제자 삼기	마태복음 28:18~20
	2	제자 되기	누가복음 9:23~24
	3	경건의 시간(Q.T.)	시편 1:1~3
	4	성경 공부	디모데후서 3:16~17
	5	기도	마태복음 6:9~13
	6	예배	요한계시록 4:11
II권 기본 진리를 이해하는 첫걸음	1	삼위 하나님	신명기 6:4; 고린도후서 13:13
	2	인간, 하나님의 형상	창세기 1:26~27
	3	죄	로마서 3:23; 6:23
	4	은혜	로마서 5:8
	5	구속	이사야 53:4~6
	6	칭의	에베소서 2:8~10
	7	양자 됨	로마서 8:15~16
III권 인격과 삶이 변화하는 첫걸음	1	성령 충만	에베소서 5:18~20
	2	성령의 열매	갈라디아서 5:22~23
	3	신뢰	잠언 3:5~6
	4	사랑	요한복음 13:34~35
	5	의	이사야 58:6~7
	6	복음 증거	사도행전 1:8
IV권 교회와 세상을 섬기는 첫걸음	1	교회	고린도전서 12:12~13
	2	영적 은사	고린도전서 12:7
	3	영적 전쟁	에베소서 6:14~18
	4	순종	에베소서 4:22~24
	5	진정한 복	디모데후서 2:2
	6	돈	마태복음 6:24

과제물 점검표

이름 :

○ : 과제물을 빠짐없이 했을 때   △ : 일부만 했을 때   × : 전혀 하지 못했을 때

날짜	출석	예습	성경 읽기	성구 암송	Q.T.	예배 참석	기도	생활 숙제	교제	특별 과제

↑
숫자로
기록　　　　　　↑　　↑
　　　　　　숫자로　횟수로
　　　　　　기록　기록

저자 🍃 **그레그 옥던** Greg Ogden

그레그 옥던은 풀러 신학대학원에서 목회학 박사 학위를 받았으며, 현재 일리노이 주 오크 브루크 그리스도 교회의 제자훈련 담당 목사로 섬기고 있다. 그는 23년간 미국 장로교회 목사로 사역했으며, 풀러 신학대학원에서 목회학 박사 프로그램의 학사 책임자이자 평신도 양육 및 제자훈련 과목을 가르치는 조교수로 일한 바 있다. 저서로는『세상을 잃은 제자도 세상을 얻은 제자도』*Transforming Discipleship*, 국제제자훈련원, 『새로운 교회개혁 이야기』*The New Reformation*, 미션월드 등이 있다.
E-mail: gogdencc-ob.org • Website: www.gregogden.com

역자 🍃 **박규태**

고려대 법학과와 총신대 신학대학원을 졸업하였다. 『쉼』좋은씨앗을 썼고, 『세상을 잃은 제자도 세상을 얻는 제자도』, 『알리스터 맥그래스의 구속사로 본 핵심주석』, 『신약 성경에 나타난 제자도의 유형』, 『기독교, 그 위험한 사상의 역사』이상 국제제자훈련원 등을 번역하였다.